郭 超 于保阳 陆征然 著

低掺量沥青回收料的热拌再生沥青混合料

DICHANLIANG LIQING HUISHOULIAO DE REBAN
ZAISHENGLIQING HUNHELIAO

中国电力出版社
CHINA ELECTRIC POWER PRESS

内 容 提 要

本书主要对低掺量 RAP 料热拌沥青混合料组成设计、高温性能、低温抗裂性能、水稳定性以及疲劳性能展开了全面的试验研究。在此基础上，以实际工程为依托，采用两种不同抵掺量 RAP 料热拌沥青混合料铺筑试验路，通过后期对试验路的检测，检验了低掺量 RAP 料热拌沥青混合料的实际应用效果。本书研究成果对于低掺量 RAP 料热拌沥青混合料的特性、配合比设计以及路用性能等方面的研究，提供可以借鉴的参考。

本书可作为从事道路工程设计、施工的技术人员、安全监督人员、监理人员和监管人员的参考书，同时，可供从事路基路面工程设计与实验研究的相关科技工作者和研究生参考使用。

图书在版编目（CIP）数据

低掺量沥青回收料的热拌再生沥青混合料 / 郭超，于保阳，陆征然著 .—北京：中国电力出版社，2021.7

ISBN 978-7-5198-5626-7

Ⅰ．①低… Ⅱ．①郭… ②于… ③陆… Ⅲ．①沥青拌和料 Ⅳ．① U414.7

中国版本图书馆 CIP 数据核字（2021）第 084759 号

出版发行：中国电力出版社
地　　址：北京市东城区北京站西街 19 号（邮政编码 100005）
网　　址：http://www.cepp.sgcc.com.cn
责任编辑：王晓蕾（010-63412610）　　杨芸杉
责任校对：黄　蓓　马　宁
装帧设计：王红柳
责任印制：杨晓东

印　　刷：北京天宇星印刷厂
版　　次：2021 年 7 月第一版
印　　次：2021 年 7 月北京第一次印刷
开　　本：787 毫米 ×1092 毫米　16 开本
印　　张：8.75
字　　数：212 千字
定　　价：58.00 元

版权专有　侵权必究

本书如有印装质量问题，我社营销中心负责退换

前　言

随着我国道路建设的快速发展，交通量日益增加，超载现象普遍，给现存的沥青路面带来严峻挑战。车辙、开裂等路面病害较为严重。在以往大、中修和改建养护工程中，铣刨下来的旧料被完全废弃掉，这样既造成了旧材料的浪费，又给环境带来了巨大压力。据统计，在我国每年有大量的旧沥青混合料被废弃掉，且废弃的混合料数量会随道路里程的逐年增加而增加。石油沥青是路用沥青的主要来源，属于不可再生资源，现已存量匮乏。调查显示，对废弃沥青混合料的再生利用可节约材料费用，降低路面造价。

在热拌沥青混合料中，掺加低含量的废旧沥青路面（即 RAP 料且含量控制在 30% 以下），可在不利用再生剂、不降低热拌沥青混合料路面使用性能的前提下，达到节约成本、减轻环境污染的目的。

本书依托抚顺市某沥青混合料拌和站的实际工程项目，结合拌和站的生产工艺参数以及提供的原材料，通过对不同掺量 RAP 料的沥青混合料室内试验，提出低掺量 RAP 料热拌沥青混合料组成设计参数和生产施工工艺，并通过试验路工程检验低掺量 RAP 料热拌沥青混合料的实际应用效果，主要内容如下：

（1）开展对旧 RAP 料的试验分析。

对旧沥青路面混合料中的旧沥青进行抽提回收，计算旧 RAP 料的油石比。通过检测旧沥青的三大指标以及 60℃ 黏度，评价旧沥青的性能。对旧集料进行筛分，获得级配，并对不同 RAP 料掺量下的集料性能进行检测。

（2）低掺量 RAP 料热拌沥青混合料的路用性能试验研究。

分别利用车辙试验、小梁低温弯曲试验对低掺量 RAP 料热拌沥青混合料的高温性能及低温抗裂性能进行了试验研究。

采用 80℃ 水浸法和搅动水净吸附法对沥青与矿料黏附性等级进行评价，在此基础上，采用浸水马歇尔试验和冻融劈裂试验对低掺量 RAP 料热拌沥青混合料的水稳定性进行检验。利用四点弯曲疲劳试验法对低掺量 RAP 料热拌沥青混合料的疲劳性能进行了试验研究。

（3）低掺量 RAP 料热拌沥青混合料试验路工程。

为了验证低掺量 RAP 料热拌沥青混合料的实际路用性能，铺筑两条试验路段。从路面结构方案比选、有限元分析以及后期路面使用性能检测等方面对低掺量 RAP 料热拌沥青混合料的应用效果进行评价。

  本书由沈阳建筑大学土木工程学院郭超副教授、沈阳建筑大学交通工程学院于保阳高级实验师和沈阳建筑大学土木工程学院陆征然副教授共同撰写。本书在编写过程中参考并引用了一些国内外已经公开出版和发表的著作和文献，并得到了许多专家学者的帮助，在此表示衷心的感谢！衷心希望本书提供的内容能够对读者有所帮助。由于作者的水平有限，书中难免存在不妥之处，恳请广大专家和读者提出指正和建议，以便今后进一步完善和提高。

著者

2021 年 4 月

目 录

前言
第1章 概述 ··· 1
  1.1 低掺量沥青回收料的热拌再生沥青混合料应用背景 ······························ 1
  1.2 国内外研究现状 ··· 3
    1.2.1 国外研究现状 ··· 3
    1.2.2 国内研究现状 ··· 3
  1.3 本书主要开展的工作 ··· 4
第2章 低掺量 RAP 料热拌沥青混合料材料性能分析和配合比设计 ······························ 6
  2.1 原材料性能试验 ··· 6
    2.1.1 RAP 料含水率试验 ··· 6
    2.1.2 新旧沥青基本路用性能指标试验 ··· 7
    2.1.3 新旧集料性质 ··· 8
    2.1.4 RAP 料加热温度和时间设定 ··· 9
    2.1.5 沥青薄膜加热试验 ··· 10
    2.1.6 沥青密度与相对密度 ··· 10
    2.1.7 RAP 料筛分数据 ··· 10
  2.2 低掺量 RAP 料热拌沥青混合料矿料级配设计 ··· 11
  2.3 油石比确定 ··· 12
  2.4 本章小结 ··· 25
第3章 低掺量 RAP 料热拌沥青混合料高温性能试验研究 ··· 26
  3.1 车辙试验准备 ··· 26
    3.1.1 车辙试验注意事项 ··· 26
    3.1.2 材料准备 ··· 26
    3.1.3 车辙试验试件的制作 ··· 27
  3.2 低掺量 RAP 料热拌沥青混合料高温性能试验 ··· 29
  3.3 低掺量 RAP 料热拌沥青混合料高温因子分析 ··· 31
  3.4 本章小结 ··· 37
第4章 低掺量 RAP 料热拌沥青混合料低温性能试验研究 ··· 39
  4.1 试验方法和试验方案 ··· 39
    4.1.1 试验方法 ··· 39
    4.1.2 试验方案 ··· 40
  4.2 低掺量 RAP 料热拌沥青混合料低温性能试验 ··· 40
  4.3 本章小结 ··· 45
第5章 低掺量 RAP 料热拌沥青混合料水稳定性能试验研究 ··· 46
  5.1 沥青路面水损害机理分析 ··· 46

5.2 试验方法和试验方案 ································ 47
5.2.1 试验方法和原理 ································ 47
5.2.2 试验步骤和试验方案 ···························· 49
5.3 试验结果和分析 ·································· 52
5.3.1 冻融劈裂试验 ·································· 52
5.3.2 残留稳定度试验 ································ 55
5.4 影响低掺量 RAP 料沥青混合料水稳定性的主要因素 ······ 59
5.4.1 RAP 料的变异性 ································ 59
5.4.2 油石比 ·· 59
5.4.3 集料性质 ······································ 59
5.4.4 混合料类型 ···································· 59
5.5 低掺量 RAP 料的沥青混合料水稳定性能影响因素分析 ···· 59
5.5.1 RAP 料掺量对冻融强度影响 ······················ 60
5.5.2 细集料所占比例对冻融强度影响 ·················· 60
5.5.3 RAP 料掺量与冻融劈裂强度比的关系 ·············· 60
5.6 冻融劈裂强度比与多个影响因素之间的多元线性分析 ····· 62
5.6.1 混合料的级配划分 ······························ 62
5.6.2 SPSS 简介 ····································· 63
5.6.3 多元回归模型的理论基础 ························ 63
5.6.4 参数估计 ······································ 63
5.6.5 回归结果分析 ·································· 64
5.7 各个影响因素之间关系 ···························· 66
5.7.1 配对样本 T 检验 ································ 66
5.7.2 多个影响因素之间的偏相关性检验 ················ 67
5.8 因子分析法 ·· 67
5.8.1 主成分法求解因子载荷阵 ························ 68
5.8.2 因子载荷矩阵正交旋转法 ························ 69
5.9 水损害的几种微观表现形式 ························ 70
5.10 沥青-集料黏附性与沥青混合料水稳定性研究 ·········· 71
5.10.1 沥青-集料的黏附机理 ·························· 71
5.10.2 沥青-集料黏附性的影响因素研究 ················ 71
5.10.3 黏附性与水稳定性关系研究 ····················· 71
5.11 影响界面之间黏结力的主要因素 ···················· 72
5.11.1 沥青性质的影响 ······························· 72
5.11.2 集料性质的影响 ······························· 73
5.11.3 级配的影响 ··································· 73
5.11.4 老化的沥青对水稳定性的影响 ··················· 74
5.12 沥青混合料的微观结构分析 ························ 74
5.12.1 沥青混合料融合情况 ··························· 74
5.12.2 沥青混合料的电子显微镜扫描 ··················· 75
5.12.3 试验结果与分析 ······························· 75

	5.12.4	超景深三维显微镜扫描	77
	5.12.5	两种沥青混合料类型微观对比	78
	5.12.6	微观三维形貌图像	79
	5.12.7	三维形貌结构分析	79
	5.12.8	计算机图像处理的优势	80
5.13	本章小结		81

第 6 章　低掺量 RAP 料沥青混合料疲劳性能试验研究　83

6.1	试验方法和试验方案	83
	6.1.1 试验方法的选择	83
	6.1.2 试验条件选择	84
	6.1.3 试验方案	84
6.2	低掺量 RAP 料热拌沥青混合料疲劳性能试验	85
	6.2.1 疲劳试验结果	86
	6.2.2 疲劳试验结果分析	89
6.3	本章小结	93

第 7 章　低掺量 RAP 料热拌沥青混合料生产工艺　94

7.1	抚顺市拌和站调研	94
7.2	低掺量 RAP 料热拌沥青混合料生产工艺	96

第 8 章　低掺量 RAP 料热拌沥青混合料抗压回弹模量试验　99

8.1	试件的成型	99
8.2	试验步骤	101
8.3	试验结果及分析	102
8.4	本章小结	103

第 9 章　低掺量 RAP 料热拌沥青混合料试验路工程　104

9.1	试验路工程前期调研	104
	9.1.1 通武线试验路前期调研	104
	9.1.2 偏小线试验路前期调研	107
9.2	试验路设计方案	108
	9.2.1 通武线试验路设计方案	108
	9.2.2 偏小线试验路设计方案	109
9.3	试验路结构设计验证	109
	9.3.1 通武线试验路路面结构验算	109
	9.3.2 偏小线试验路路面结构验算	116
9.4	试验路路用性能检测	118
	9.4.1 通武线试验路路用性能检测	118
	9.4.2 偏小线试验路路用性能检测	121
9.5	低掺量 RAP 料热拌沥青混合料的经济成本	122
9.6	低掺量 RAP 料热拌沥青混合料使用路面结构设计方案	123
9.7	本章小结	124

参考文献 125

第1章 概　　述

1.1　低掺量沥青回收料的热拌再生沥青混合料应用背景

低掺量沥青回收（reclaimed asphalt pavement，RAP）料的热拌再生沥青混合料是指在热拌沥青混合料中，掺加低含量的 RAP 料（RAP 料含量控制在 30% 以下），在不利用再生剂、不降低热拌沥青混合料路面使用性能（简称路用性能）的前提下，实现节约成本、减轻环境污染的目的。

随着我国道路建设的快速发展，交通量日益增加，超载现象普遍，给现存的沥青路面带来了严峻的挑战。车辙、开裂等路面病害较为严重。在以往大、中修和改建养护工程中，铣刨下来的旧料被完全废弃掉，这样既造成了旧材料的浪费，又对环境造成了巨大压力。据统计，在我国每年有大量的旧沥青混合料被废弃掉，且废弃的混合料数量会随着道路里程的逐年增加而增加。石油沥青是路用沥青的主要来源，属于不可再生资源，现已存量匮乏。调查显示，对废弃沥青混合料的再生利用可节约材料费用、降低路面造价。

沥青路面在经过一段时间的使用后，路面使用性能下降，需要进行路面的大、中修及养护工程，养护工程中产生的旧沥青混合料作为路面材料仍具很高的价值。若沥青路面能够再生利用、达到良好的路用性能则可节约大量的沥青、砂石等原材料，节省工程投资，有利于处理废料、保护环境。

相关学者也对在热拌沥青混合料中添加少量 RAP 料的运用进行了许多研究。沙爱民及其研究团队指出从沥青老化的微观本质而言，沥青主要转换关系就是沥青芳香分→胶质→沥青质的转化过程，不同深度铣刨料性能检测表明，普通沥青和改性沥青长期老化后性质趋于一致，对于使用期在 7 年或者更长年限的沥青路面在使用热再生技术时，应尽可能地采用全厚式一次性铣刨，提高施工效率、减少施工用地。不必按混合料最大公称粒径进行分层，也不必按照沥青种类进行分层，以此规范 RAP 料的铣刨回收工艺。同时对高温稳定性进行了相关研究，主要进行了车辙试验、GTM 验证试验和单轴贯入试验，结果表明掺有 RAP 料的热再生沥青混合料具有良好的高温性能，且车辙试验的动稳定度与 RAP 料的掺量具有良好的线性关系，并得出这两者的本质联系是动稳定度与混合料沥青针入度的线性关系，再生混合料比全新的沥青混合料要更容易压实。查旭东团队对不同 RAP 料掺量下的热拌沥青混合料路用性能的影响也做了相关研究，随着 RAP 料掺量的增加，热再生沥青混合料的总最佳油石比和新料最佳油石比线性增加，而新沥青用量线性减少；再生混合料的低温抗裂性、抗渗性和抗滑性会随着 RAP 料含量的增加而减弱，水稳定性出现了峰值现象，随着 RAP 料含量的增加，水稳定性先增大、后减小。刘明珠等人对掺加 RAP 料的沥青混合料做了一个对比试验，分别是热拌混合料和温拌混合料，实验表明，对于同类型的再生沥青混合料，无论是热拌再生还是温拌再生，随着RAP料掺量的增加，再生沥青混合料的高温稳定性在不断提高，这说明RAP料有助于提高热拌及温拌再生沥青混合料的高温稳定性，尤其是温拌再生沥青混合料，其高温性能提高比较显著。

RAP料的添加对热拌及温拌再生沥青混合料的水稳定性能和低温性能均有负面影响。相对而言，RAP料对再生沥青混合料的水稳定性能影响不是很明显，对再生沥青混合料的低温性能影响相对比较显著，但影响规律不明显。基于热拌及温拌再生沥青混合料的低温性能可以确定，在再生沥青混合料中存在一个最佳RAP料掺量。

低掺量RAP料热拌沥青混合料技术具有以下优点：

（1）设备投资较小，间歇式拌和设备只需要在原有沥青拌和站的基础上加一个出料仓即可。

（2）可以根据室内试验，分析旧料性能，选择合适的工艺，方便地添加各种新沥青（改性沥青）及新骨料，以提高再生混合料的质量及再生料的质量可靠性。

（3）由于热拌混合料的质量易于控制，各等级道路沥青路面铣刨、挖除下来的沥青层材料均可用于热拌沥青混合料。热拌沥青混合料适用于各等级道路沥青路面的铺筑和维修养护，适用范围比较广。

低掺量RAP料热拌沥青混合料技术在应用中存在的问题主要是RAP料来源不统一、性能不易判断，为保证热拌沥青混合料质量，旧料掺配率这一重要参数通常选取得较低，一般约为30%以下。

低掺量RAP料热拌沥青混合料技术应用意义重大，可以从下面几个方面进行说明：

（1）废旧沥青混合料再利用技术的应用有着重要的经济价值。废旧沥青混合料中的矿料和沥青可以全部回收利用。废旧沥青混合料再利用，需要的附加费用主要是对旧料的加工费用（有时需包括运输费用）。对其进行再利用，可以节约资金，使公路建设中的维修或是改建做到物尽其用。

（2）保护自然环境的生态平衡。国家每年进行的公路建设及各种土建工程，需要大量的砂石材料。这些材料都要通过开采山体和挖掘河道来获得，使得被植物覆盖的山体因采石而遭破坏、河道因大量取砂而遭损。有些地方，由于开山放炮，造成山体坍塌危及人民生命财产；有些河流，由于挖砂而使桥梁基础外露，直接受河水冲刷，造成桥梁基础和桩体过早损坏。因此，采用废旧沥青混合料，可减少对山体的开采和对河道的挖掘，显然有利于对大自然和生态平衡的保护，为人类创造良好的生存条件。

（3）有利于农业生产。凡是开山取石的地区，其周围环境污染严重。农田被厚厚的尘土覆盖，危害农作物的正常生长，严重影响农业的产量。空气的严重污染，直接影响附近人民的生活质量。因此，减少对山体的开采，对保护农业、提高人民生活质量是十分有益的。

（4）养护部门对旧沥青路面进行维修、养护时，先对需维修路面进行铣刨或将沥青路面破坏部分挖除，填入新拌的沥青混合料。挖除的废旧沥青混合料，只能将它丢弃在公路两旁，或集中堆放。这样既占地又会对公路两旁的环境造成污染，也影响公路沿线的绿化工作。同时也没有合理地利用可再生资源，造成了RAP料的浪费。而该技术可以大量消耗每年堆积的RAP料，以抚顺市为例，年生产热拌沥青混合料达40万t，按10%~20%掺量计算，旧RAP料每年用量亦达到4万~8万t。同时该项技术也降低了沥青混合料的单价。如果按10%使用RAP料，保守估计节省约6%~8%的沥青、10%矿料，节约混合料成本约

6%～8%。按 2015 年单价计算，每吨普通沥青混凝土节省约 17～22 元，如果按拌和站全年产出 10 万 t 计算，全年节省 170～220 万元（还未考虑交通运输部节能减排补贴费）。

(6) 高 RAP 料掺量的沥青混合料，高温性能突出，但是在低温性能、水稳定性、疲劳性能上表现不佳，而低掺量 RAP 料热拌沥青混合料能够综合考虑这些影响，在使用性上更加广泛。

综上所述，在热拌沥青混凝土中掺入低剂量的旧 RAP 料技术，具有独特的优势和很高的研究价值。本书以抚顺市某沥青混合料拌和站的实际工程项目为例，结合拌和站的生产工艺参数以及提供的原材料。通过对不同掺量 RAP 料的沥青混合料进行室内试验，提出低掺量 RAP 料热拌沥青混合料组成设计参数和生产施工工艺。

1.2 国内外研究现状

1.2.1 国外研究现状

RAP 料的应用在发达国家已较为成熟。1915 年，美国开始了对 RAP 料应用的研究，但是研究发展比较缓慢，直到 1973 年石油危机爆发后，才对 RAP 料进行了深入的研究和大力的推广。至 1980 年，25 个州共使用了 200 万 t 热拌含 RAP 料的沥青混合料；1981 年，发展到 40 个州，共使用 350 万 t 含 RAP 料的沥青混合料；1985 年猛增至 2 亿 t。美国对旧料的利用率已达到 80%，有一半以上的路面使用再生材料，并先后出版了《路面废料再生指南》《沥青路面热拌再生技术手册》《沥青路面冷拌再生技术手册》等规程。

日本由于能源匮乏，非常重视 RAP 料的再利用研究，在 1974 年开始了沥青路面 RAP 料再利用的研究，至 1980 年，已经有 50 万 t 不同掺量的 RAP 沥青混合料应用于工程施工。截至 2018 年底，RAP 料的利用率已超过 70%，并颁布了相关的技术标准。日本道路协会的《厂拌再生沥青铺装技术指南》中指出，只要对热拌沥青混合料进行适当的质量控制管理，其性能与新料的差别是在可接受范围内的。

德国是最早将 RAP 料应用于路面铺设的国家；芬兰的许多城镇均有专门用于旧料回收储藏的地方并将再生料大面积应用于道路上，并且已由最初的低等级公路面层、基层逐步应用到高等级路面中；欧洲沥青路面协会在互联网上公布，其成员国的旧沥青路面材料已通过再生方式得以再次利用。

1.2.2 国内研究现状

随着我国高等级沥青路面维修养护量的不断增加，对沥青路面旧料的再利用技术也在不断地深入和系统化。2000 年在沈大高速公路营口段，我国首次将 RAP 料掺在沥青混合料中，进行了一系列的实验；2003 年，在广佛高速公路路面大、中修项目中进行了 RAP 料再利用技术的研究，并进行了试验路段的铺装。从 2005 年开始，威海市公路局将高速公路废弃的沥青混合料集中堆放，并做系统研究，将生产出来的含 RAP 料的沥青混合料广泛应用于一级公路、二级公路的上、下面层。

我国 20 世纪 70 年代，一些养路部门对废旧沥青路面材料进行过回收再利用。当时，再生后的材料一般只用于人行道、道路的垫层或轻交通道路。据不完全统计，至 1986 年，我国利用RAP料铺筑的沥青路面已超过600km。从20世纪90年代后期开始，我国进入了高等级公路大规模建设时期，RAP料的研究利用被停滞，铣刨下来的旧料被当作建筑垃圾，其结果就是既浪费了大量资源又给环境造成了严重污染。

至21世纪，许多已建成的高等级公路已接近其使用年限或出现较大病害，为解决这一问题，RAP料的再利用技术再次被提出，有许多科研机构和高校均致力于这一领域的研究中，如在旧沥青的再生技术中，开展对于再生剂机理的研究与开发及相关的施工技术等，但均没有成规模地应用于实践中，而且以上内容主要侧重于针对沥青路面现场热再生技术的研究范畴。而作为国内外沥青路面再生技术的主要方式，集中回收废旧沥青混合料进行低掺量RAP料热拌沥青混合料应用技术的相关研究，尚有许多空白。

基于以上研究背景，本文主要研究低掺量RAP料热拌沥青混合料组成设计，并对该种材料进行高温性能、低温抗裂性能、水稳定性以及疲劳性能试验，同时研究该种材料生产工艺，最后通过试验路工程检验低掺量RAP料掺量热拌沥青混合料的实际应用效果。

1.3 本书主要开展的工作

本书以抚顺市普通公路建设的工程实体为依托，针对废旧沥青混合料在新拌沥青混合料的应用进行研究，主要进行以下几个方面的研究工作：

1. 旧路原材料（RAP料）试验分析

主要分析内容有：对旧沥青混合料中的旧沥青进行抽提回收，计算旧料的油石比；检测旧沥青的三大指标（软化点、25℃针入度、15℃延度）以及60℃黏度；评价旧沥青的性能，利用针入度指标判断其能否再生；筛分旧集料，得到旧集料级配，检测集料性能（包括含水率等）；最后，综合评价旧沥青混合料性能。

2. 低掺量RAP料热拌沥青混合料设计

根据试验路要求的沥青混合料级配类型，低掺量RAP料热拌沥青混合料设计初步按照是否考虑旧沥青的再生利用两种情况进行。试验最终得到AC-10和AC-13低掺量RAP料热拌沥青混合料组成设计的结果，试验按照如下方案进行：

（1）料场取各档新料，按照《公路沥青路面施工技术规范》（JTG F40—2004）5.3节中对所对应沥青混合料类型级配的要求进行目标配合比设计，即确定目标配合比（各档粒料的比例和油石比）；

（2）就AC-10和AC-13两种类型的沥青混合料，掺入一定比例的RAP料，掺入比例分别10%、15%、20%。运用马歇尔方法进行配合比设计，确定油石比。

3. 热拌沥青混合料路用性能研究

（1）根据低掺量RAP料热拌沥青混合料设计的配合比设计结果，制作如下试件：

1）全部为新料的试件；

2）不考虑旧沥青再生利用，不同旧料掺量的试件。

（2）低掺量RAP料热拌沥青混合料的路用性能试验。

根据研究目标，对各低掺量RAP料混合料试件进行路用性能试验，主要试验项目有：车辙试验、低温弯曲试验、冻融劈裂试验和疲劳试验。

（3）按照规范要求和试验结果，进行了经济和性能分析，最终确定试验路低掺量RAP

料热拌沥青混合料的（AC-10 和 AC-13）配合比。

4. 低掺量 RAP 料热拌沥青混合料试验路工程

为了检验低掺量 RAP 料热拌沥青混合料在实际工程中的使用效果，本项目就 AC-13 和 AC1-0 两种低掺量 RAP 料热拌沥青混合料铺筑试验路。其目的一方面对低掺量 RAP 料热拌沥青混合料生产工艺和施工工艺开展研究，另一方面检验低掺量 RAP 料热拌沥青混合料的应用效果。

5. 理论研究

（1）运用《公路沥青路面设计规范》（JTG D50—2017）中提出的沥青路面设计方法，对试验路路面进行结构计算，分析其使用寿命。

（2）根据低掺量 RAP 料热拌沥青混合料试验结果以及抚顺市气候特征，提出不同交通等级下 RAP 料掺量、不同交通等级下低掺量 RAP 料的热拌沥青混合料路用性能要求。

第 2 章 低掺量 RAP 料热拌沥青混合料材料性能分析和配合比设计

本章从材料基本组成的性质出发,通过马歇尔的试验方法确定不同 RAP 料掺量的热拌沥青混合料配合比和对应的最佳油石比。

2.1 原材料性能试验

2.1.1 RAP 料含水率试验

试验使用的 RAP 料来源于辽宁省抚顺市新宾拌和站、抚顺中心拌和站和清源沥青拌和站。由于在实验室是使用烘箱将 RAP 料烘干的,但是在实际生产中,不能保证 RAP 料确切的干燥程度,所以将 RAP 料在自然条件下晾晒,了解 RAP 料的含水变化情况。并以三组实验组进行了平行试验,得到质量变化情况,见表 2-1,RAP 料质量随时间变化规律如图 2-1 所示。

表 2-1　　　　RAP 料在自然晾晒条件下的质量变化　　　　g

实验组	7日10时	7日16时	8日8时	8日15时	11日11时	11日16时
实验组一	8998.9	8923.1	8915.4	8898.7	8900.2	8897.5
实验组二	9629.2	9547.3	9530.5	9492.3	9485.4	9484.5
实验组三	7447.4	7384.6	7376.1	7358.6	7359.7	7356.2

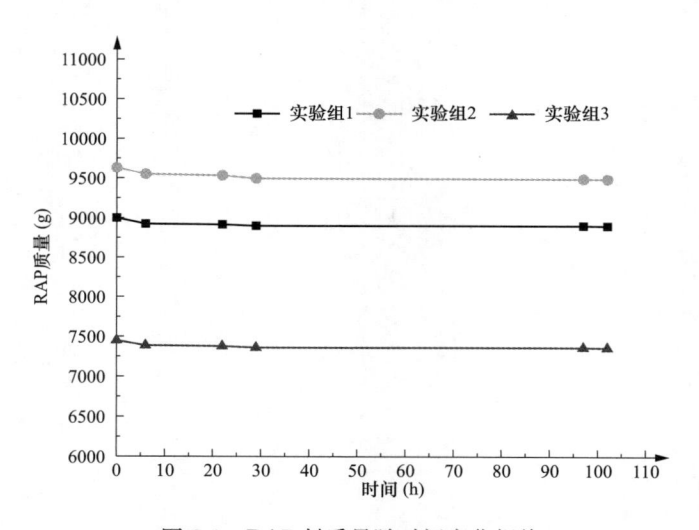

图 2-1　RAP 料质量随时间变化规律

经过 48h 的晾晒，RAP 料的质量达到稳定。由上表计算可知，实验组一的含水率为 1.123%；实验组二的含水率为 1.503%；实验组三的含水率为 1.224%。在实际工程中，RAP 料应经过充分晾晒，以保证低掺量 RAP 料热拌沥青混合料的质量。

2.1.2　新旧沥青基本路用性能指标试验

根据抽提实验，得到了 RAP 料中的旧沥青。由于在温度、阳光、水和车辆荷载等因素的综合作用下，RAP 料中的沥青在不同程度上已经老化。在热拌沥青混合料中掺加 RAP 料，需要考虑这部分老化沥青的利用问题。

通过抽提试验，得到在 RAP 料中沥青的油石比为 3.82%。假定 RAP 料掺量为 20%，计算得到新沥青混合料中旧沥青所占的油石比为 0.77%。可见，RAP 料中旧沥青的影响还是十分明显的，必须予以重视。

新旧沥青及调和沥青的针入度关系按照式（2-1）计算。（调和沥青指将再生沥青和新加沥青混合后所得到的新沥青）：

$$\lg P_{\text{mix}} = a\lg P_{\text{new}} + (1-a)\lg P_{\text{old}} \tag{2-1}$$

式中　a——待定常数；
　　$\lg P_{\text{mix}}$——调和沥青针入度的对数；
　　$\lg P_{\text{new}}$——新加沥青针入度的对数；
　　$\lg P_{\text{old}}$——旧沥青针入度的对数。

根据试验目标要求，进行新旧沥青针入度、软化点和延度试验，以及 60℃动力黏度测试，试验设备如图 2-2 所示。

(a) 针入度实验仪　　(b) 软化点实验仪　　(c) 延度实验仪

图 2-2　三大指标试验设备

经试验测得的三个拌和站的旧沥青的三大指标见表 2-2，新沥青的三大指标见表 2-3。

表 2-2　　　　　　　　　　　　旧沥青三大指标

地点	试验组	1	2	3	4	5	6	平均值
新宾	25℃针入度/0.1mm	24.3	25.6	24.7	26.8	29.5	30.1	26.8
	软化点/℃	61.2	62.3	63.5	62.8	62.9	64.1	62.8
	15℃延度/cm	7.3	8.5	9.6	9.7	10.7	8.1	9
	60℃动力黏度/Pa·s	4371	4269	4268	4327	4333	4327	4316

续表

地点	试验组	数据1	数据2	数据3	数据4	数据5	数据6	平均值
中心	25℃针入度/0.1mm	26.7	26.9	26.4	26.4	26.9	26.7	26.7
	软化点/℃	62.9	62.4	63.4	63.8	62.3	62.5	62.9
	15℃延度/cm	7.3	9.3	10.2	8.6	8.9	9.1	8.9
	60℃动力黏度/(Pa·s)	4395	4123	4101	4213	4156	4175	4194
清原	25℃针入度/0.1mm	26.9	27.3	25.4	27.3	26.5	26.8	26.7
	软化点/℃	64.6	66.3	60.3	59.8	60.3	63.1	62.4
	15℃延度/cm	7.5	10.3	9.7	7.8	7.6	9.1	8.7
	60℃动力黏度/(Pa·s)	4356	4017	4001	4210	4076	4123	4130

表 2-3　　　　　　　　　　　基质（新）沥青指标

地点	试验组	1	2	3	4	5	6	平均值
新宾	25℃针入度/0.1mm	81.2	79.3	82.1	83.4	79.9	83.1	81.5
	软化点/℃	46.3	47.2	47.7	47.1	45.2	45.8	46.6
	15℃延度/cm	103.2	107.8	104.3	110.2	101.3	120.4	107.9
	60℃动力黏度/(Pa·s)	161	163	162	166	164	166	164
中心	25℃针入度/0.1mm	81.6	81.6	81.3	81.9	81.2	81.6	81.5
	软化点/℃	46.5	46.3	46.7	46.2	46.9	46.3	46.6
	15℃延度/cm	108.3	108.2	108.9	106.8	106.1	107.6	107.7
	60℃动力黏度/(Pa·s)	163	164	165	163	162	167	164
清原	25℃针入度/0.1mm	81.1	81.3	81.7	81.6	81.5	81.6	81.6
	软化点/℃	46.8	46.9	46.3	46.2	46.7	46.9	46.6
	15℃延度/cm	107.9	109.3	109.1	105.9	105.6	108.2	107.7
	60℃动力黏度/(Pa·s)	167	166	169	167	159	162	165

由上述表格可知：基质沥青的指标满足《公路沥青路面施工技术规范》（JTG F40—2004）要求。对RAP料进行抽提得到旧沥青并进行试验：针入度明显降低，软化点升高，黏度也得到了明显提升，说明沥青老化严重。当针入度小于25℃时，RAP料不适用于热拌沥青混合料中。表2-4所示为RAP料老化分级。

表 2-4　　　　　　　　　　RAP料中沥青老化分级

沥青针入度/0.1mm	>30	20～30	<20
老化程度	一般老化	中度老化	重度老化

2.1.3　新旧集料性质

根据规范要求，分别对粗、细集料的性质进行试验，见表2-5和表2-6。

表 2-5　　　　　　　　　　　新旧粗集料性能（一）

地点	集料类型	表观相对密度	压碎值/%	洛杉矶磨耗损失/%	针片状颗粒含量/%
新宾	旧集料	2.812	19.2	19.3	12.6
	新集料	2.746	14.6	23.9	7.3

续表

地点	集料类型	表观相对密度	压碎值/%	洛杉矶磨耗损失/%	针片状颗粒含量/%
中心	旧集料	2.813	19.5	19	12.1
	新集料	2.746	14.3	23.7	7.1
清原	旧集料	2.812	19.3	19.5	12.4
	新集料	2.738	14.9	24.1	7.6
规范要求		≥2.50	≤28	≤30	≤18

表 2-6　　　　　　　　　　　新旧细集料性能（二）

地点	集料类型	吸水率/%	坚固性/%	含泥量/%	砂当量
新宾	旧集料	0.39	13.4	2.2	72.3
	新集料	0.97	14.8	2.9	81.2
中心	旧集料	0.43	13.1	2.3	72.4
	新集料	0.91	14.9	3.1	81.3
清原	旧集料	0.38	13.6	2.1	71.9
	新集料	0.94	14.9	3	82.3
规范要求		≤3.0	≥12	≤3	≥60

由表 2-5 和表 2-6 可知，根据《公路沥青路面施工技术规范》（JTG F40—2004），新旧粗、细集料的各项性能指标均已达到规范要求。

2.1.4　RAP 料加热温度和时间设定

将 RAP 料掺加入热拌沥青混合料中，不同的 RAP 料与处理方式将会对沥青混合料性能产生不同的影响。从混合针入度的角度而言，当 RAP 料较热、温度高，加热时间长，RAP 料中的旧沥青将发生二次老化，旧沥青的针入度降低，混合针入度也随之降低，间接地影响沥青混合料的性能。若将 RAP 料直接投入试验搅拌锅中，部分沥青会因温度不均迅速凝固，而产生拌和不均和结团的现象。所以，需要找到适当的 RAP 料加热时间和加热温度。

在实验室中通过 RAP 料在加热过程中是否出现结团、泛油现象作为判断 RAP 料是否加热过度的标准。图 2-3 为 RAP 料加热前后的对比图。

(a)加热前　　　　　　　　　　　　(b)加热后

图 2-3　RAP 料加热前后对比图

以 RAP 料的加热时间和加热温度为参数，设置正交试验。时间为 0.5h、1h、1.5h 和 2h，加热温度设置为 50℃、80℃、120℃、150℃、170℃，试验结果见表 2-7。

表 2-7　　　　　　　　　　　RAP 料加热条件确定表

时间/h	加热温度/℃			
	50	80	120	150
0.5	表面干燥	表面干燥	表面干燥	稍微泛油
1	表面干燥	表面干燥	稍微泛油	泛油明显
1.5	表面干燥	表面干燥	泛油明显	有轻微结块
2	表面干燥	稍微泛油	有轻微结块	结块明显

根据 RAP 料在不同试验条件下的变化情况，最终选取 RAP 料加热时间为 1h、加热温度为 120℃。

2.1.5 沥青薄膜加热试验

通过沥青薄膜加热试验对沥青的疲劳性能进行检测。新宾、中心和清原三个拌和站沥青的薄膜加热试验的数据见表 2-8。

表 2-8　　　　　　　　　　　沥青薄膜加热试验数据

地点	实验组	试样薄膜加热质量变化/%	加热后针入度/0.01mm	加热后软化点/℃	加热后延度/cm
新宾	1	0.186	50.1	57.2	23.1
	2	0.187	52.3	59.2	26.4
	3	0.185	54.2	58.3	29.6
	4	0.187	53.6	58.3	27.5
	5	0.186	57.8	59.2	29.6
中心	1	0.183	52.1	56.5	22.3
	2	0.184	53.9	56.4	24.6
	3	0.185	54.2	58.3	28.6
	4	0.184	56.8	58.2	29.4
	5	0.183	57.4	57.6	28.4
清原	1	0.185	58.9	59.6	24.5
	2	0.185	54.1	57.6	28.7
	3	0.184	53.6	59.6	26.4
	4	0.184	52.1	58.7	22.3
	5	0.184	58.7	59.4	26.1

2.1.6 沥青密度与相对密度

根据《公路工程沥青及沥青混合料试验规程》（JTG E20—2011），在常温状态下（25℃）对沥青进行密度和相对密度的检测。新宾、中心和清原三个拌和站沥青密度和相对密度见表 2-9。

2.1.7 RAP 料筛分数据

RAP 料表面被旧沥青包裹，燃烧前、其集料性质将会发生明显细化。在级配设计中，采用燃烧后的筛分数据，见表 2-10。

表 2-9 沥青密度和相对密度试验数据

地点	密度/(g/cm³) 单值	密度/(g/cm³) 均值	相对密度 单值	相对密度 均值
新宾	0.997	0.999	1.003	1.006
	1.001		1.010	
中心	0.998	1.000	1.004	1.006
	1.002		1.009	
清原	0.997	1.000	1.005	1.007
	1.003		1.010	

表 2-10 RAP 料燃烧前、后筛分数据

RAP 料类型	取样地点	筛孔尺寸/mm 16	13.2	9.5	4.75	2.36	1.18	0.6	0.3	0.15	0.075
燃烧前	新宾	100	100	93.67	63.06	33.31	16.51	7.91	3.67	1.6	0.9
燃烧后		100	96.07	77.11	40.76	25.76	20.17	15.69	9.87	7.23	5.52
燃烧前	中心	100	100	93.56	63.12	33.41	14.21	8.01	3.56	1.62	0.98
燃烧后		100	96.12	77.51	41.05	26.21	20.56	15.79	9.97	7.31	5.54
燃烧前	清原	100	100	93.82	63.56	33.56	16.34	7.89	3.54	1.63	0.89
燃烧后		100	96.37	77.32	40.23	25.47	21.89	15.79	9.45	7.42	5.62

从表 2-10 可以看出在自然环境和荷载情况下，RAP 料在铣刨过程中存在着一定程度细化，并且在筛分过程中，也加剧了这一细化的过程，1 号 RAP 料中表现更为明显。因此，在配合比设计中，目标配合比和生产配合比之间势必会存在差异，所以在生产配合比中，应该增大粗料的比重，以免出现不必要的级配出限现象。

综上所述，从 RAP 料的含水率、沥青的性能检测、集料的性能以及筛分数据可以看出来，三个拌和站的原材料满足规范的要求。

2.2　低掺量 RAP 料热拌沥青混合料矿料级配设计

以从新宾拌和站采取的矿料为例，矿料分为 A、B、C、D 四档。具体的粒径范围：A 为 0~3mm，B 为 3~5mm，C 为 5~10mm，D 为 10~15mm。根据《公路沥青路面施工技术规范》（JTG F40—2004）中对 AC-10 和 AC-13 的级配要求，以电算法来设计各档料的级配组成。在此，以 AC-10（0）为例进行级配合成，见表 2-11，所得的级配曲线如图 2-4 所示。RAP 料掺量为 10%、15%、20% 情况下的 AC-10 和 AC-13 矿料级配合成结果见表 2-12。

表 2-11 级配合成汇总表

集料类型	AC-10 (0%)	AC-10 (10%)	AC-10 (15%)	AC-10 (20%)	AC-13 (0%)	AC-13 (10%)	AC-13 (15%)	AC-13 (20%)
D	0	0	0	0	38	31	32	28
C	38	37	35	32	10	10	10	10
B	11	14	9	9	21	20	15	15
A	47	34	37	35	26	25	24	23
矿粉	4	5	4	4	5	4	4	4

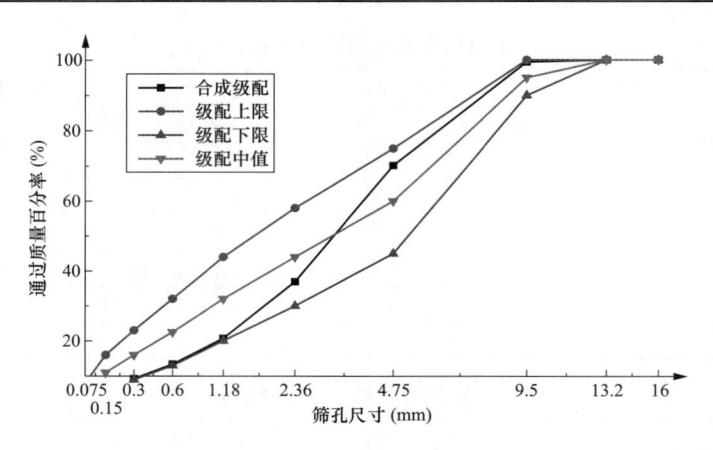

图 2-4　RAP 料掺量为 0％时 AC-10 的级配曲线

表 2-12　　　　　　　　　　　AC-10（0％）的级配合成

粒径范围	合成级配	筛孔尺寸/mm								
		16	13.2	9.5	4.75	2.36	1.18	0.6	0.3	0.15	0.075
5~10	35	100	100	91.4	30.3	0	0	0	0	0	0
3~5	10	100	100	100	91.1	23.4	7.1	3.1	1.8	1.5	1.4
0~3	48	100	100	100	99.9	64.6	33.9	19.2	10.8	7.3	4.9
RAP 料	0	100	96.07	77.11	40.76	25.76	20.17	15.69	9.87	7.23	5.52
矿粉	0	100	100	100	100	100	100	100	100	99.5	98.6
合成级配	100	100	100	96.7	72.5	36.9	20.7	13.4	9.3	7.6	6.4
工程级配设计范围	上限	100	100	100	75	58	44	32	23	16	8
	下限	100	100	90	45	30	20	13	9	6	4
	中值	100	100	95	60	44	32	22.5	16	11	6

2.3　油石比确定

试验根据《公路工程沥青及沥青混合料试验规程》（JTG E20—2011）的规定要求，分别进行沥青混合料密度试验，最大理论密度、稳定度、流值试验。综合试验数据得到不同沥青混合料的最佳油石比。首先，对于 RAP 料掺量为 0％时 AC-10 的各档料的毛体积相对密度和表观相对密度进行测定，其测定结果见表 2-13。

表 2-13　　RAP 料掺量为 0％时 AC-10 毛体积相对密度和表观相对密度

体积参数	各档料类型						
	10~15mm	5~10mm	3~5mm	0~3mm	矿粉	RAP 料	合成密度
表观相对密度	2.853	2.851	2.850	2.820	2.726	2.803	2.826
毛体积相对密度	2.718	2.706	2.688	2.639	2.715	2.750	2.673
占有比例（％）	0	35	10	48	7	0	100

1. RAP 料为 0%时 AC-10 的油石比的确定

RAP 料掺量为 0%时,拟定 AC-10 热拌沥青混合料油石比分别为 4.4、4.9、5.4、5.9,体积设计参数测定结果见表 2-14～表 2-17。根据测得的体积参数最后确定最佳油石比。

表 2-14　　　　　　油石比为 4.4 时 AC-10 沥青混合料体积参数

试件编号	干重/g	水中重/g	擦干重/g	毛体积相对密度	稳定度/kN	最大流值/mm
1	1254.2	754.6	1256.4	2.499	9.42	1.12
2	1261.1	758.1	1263.5	2.495	9.69	1.07
3	1258.3	754.7	1261.0	2.485	10.18	1.35
4	1257.6	753.8	1260.4	2.482	9.53	0.98
5	1261.8	755.2	1264.7	2.477	9.25	1.38
6	1263.1	756.4	1265.7	2.480	10.22	1.24
平均值	1259.4	755.5	1262.0	2.486	9.72	1.19

表 2-15　　　　　　油石比为 4.9 时 AC-10 沥青混合料体积参数

试件编号	干重/g	水中重/g	擦干重/g	毛体积相对密度	稳定度/kN	最大流值/mm
1	1275.8	772.6	1278.6	2.521	10.03	1.34
2	1283.1	775.8	1284.1	2.524	9.75	1.63
3	1274.5	770.4	1277.1	2.515	9.97	1.43
4	1277.8	771.0	1279.8	2.505	9.69	1.4
5	1276.3	769.8	1278.4	2.491	10.52	3.23
6	1273.8	766.0	1277.1	2.517	11.1	1.27
平均值	1276.9	770.9	1279.2	2.512	10.18	1.72

表 2-16　　　　　　油石比为 5.4 时 AC-10 沥青混合料体积参数

试件编号	干重/g	水中重/g	擦干重/g	毛体积相对密度	稳定度/kN	最大流值/mm
1	1264.4	779.8	1289.7	2.480	8.52	1.56
2	1285.7	780.4	1288.4	2.531	9.40	2.06
3	1284.9	779.7	1287.6	2.530	9.39	1.87
4	1283.7	779.7	1285.8	2.547	9.35	1.94
5	1285.3	781.7	1287.3	2.541	9.54	2.26
6	1286.5	781.4	1288.9	2.530	9.83	1.97
平均值	1281.8	780.5	1288.0	2.526	9.34	1.94

表 2-17　　　　　　油石比为 5.9 时 AC-10 沥青混合料体积参数

试件编号	干重/g	水中重/g	擦干重/g	毛体积相对密度	稳定度/kN	最大流值/mm
1	1283.9	779.4	1286.8	2.530	8.16	2.93
2	1288.5	782.7	1290.3	2.538	8.7	3.13
3	1285.4	785.3	1287.6	2.559	8.61	3.26
4	1288.0	782.3	1290.2	2.535	8.67	3.46
5	1285.6	782.1	1287.9	2.542	8.75	2.95
6	1286.2	779.4	1288.7	2.537	8.74	3.16
平均值	1286.3	781.9	1288.6	2.538	8.61	3.15

计算各油石比下的 AC-10 最大理论相对密度，试验结果见表 2-18～表 2-21。

表 2-18　　　　油石比为 4.4 时 AC-10 沥青混合料最大理论相对密度

桶号	1 号桶	2 号桶	平均值
水加桶重量/g	4639.6	4649.8	2.644
料重/g	1512.3	1480.1	
水加桶加料重/g	5583.6	5566.3	
最大理论相对密度	2.661	2.626	

表 2-19　　　　油石比为 4.9 时 AC-10 沥青混合料最大理论相对密度

桶号	1 号桶	2 号桶	平均值
水加桶重量/g	4639.6	4649.8	2.617
料重/g	1523.8	1508.7	
水加桶加料重/g	5580.7	5582.5	
最大理论相对密度	2.615	2.619	

表 2-20　　　　油石比为 5.4 时 AC-10 沥青混合料最大理论相对密度

桶号	1 号桶	2 号桶	平均值
水加桶重量/g	4639.6	4649.8	2.593
料重/g	1531.8	1527.2	
水加桶加料重/g	5582.4	5586.2	
最大理论相对密度	2.601	2.585	

表 2-21　　　　油石比为 5.9 时 AC-10 沥青混合料最大理论相对密度

桶号	1 号桶	2 号桶	平均值
水加桶重量/g	4639.6	4649.8	2.597
料重/g	1513.7	1527.2	
水加桶加料重/g	5573.4	5585.7	
最大理论相对密度	2.610	2.583	

根据马歇尔试验并通过计算，得到了不同油石比条件下 AC-10 低掺量 RAP 料热拌沥青混合料对应的体积参数汇总见表 2-22。

表 2-22　　　　AC-10（RAP 料掺量为 0%）沥青混合料体积参数汇总表

油石比	4.4	4.9	5.4	5.9
毛体积相对密度	2.486	2.512	2.526	2.538
稳定度/kN	9.72	10.18	9.34	8.61
流值/mm	2.19	2.72	2.94	3.15
空隙率/%	5.944	4.007	2.565	2.25
VMA	15.724	15.255	15.186	15.193
VFA	62.201	73.735	83.113	85.191

注　VMA 指矿料间隙率（voids in mineral aggregate）；VFA 指沥青饱和度（voids filled with asphalt）。

图 2-5 为 RAP 料掺量为 0%，AC-10 在不同油石比情况下，其各项指标的变化趋势。

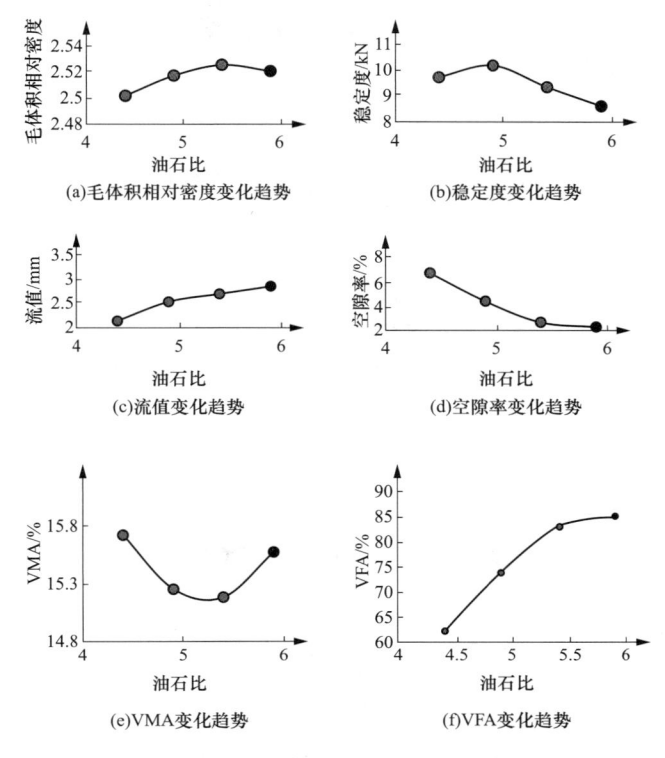

图 2-5 RAP 料掺量为 0% 时 AC-10 油石比与体积参数关系图

由图 2-5 可见，RAP 料掺量为 0% 时，毛体积相对密度随油石比的增大呈现先增大后减小的趋势。稳定度在油石比为 4.9 时达到峰值，而后不断减小。随着油石比的增加，流值增大。空隙率随着油石比的增加而减小。VFA 随油石比的增加而增加。

在曲线图 2-5 上求取相应于密度最大值、稳定度最大值、目标空隙率（或中值）、沥青饱和度范围的中值的沥青用量 a_1、a_2、a_3、a_4。按式（2-1）取平均值作为 OAC_1，见表 2-23。

$$OAC_1 = (a_1 + a_2 + a_3 + a_4)/4 \tag{2-2}$$

表 2-23 油 石 比 取 值 表

参数	规范取值范围	对应油石比范围	最值或中值
毛体积相对密度	—	—	5
空隙率/%	3~5	4.2~5.9	4.6
稳定度/kN	≥8	4.4~5.9	5.1
流值/mm	2~4	4.6~5.9	—
VMA/%	≥14	4.4~5.9	5
VFA/%	65~75	4.4~5.2	4.9

以油石比为横坐标，以马歇尔试验的各项指标为纵坐标，确定沥青混合料技术标准的沥青用量范围 $OAC_{min} \sim OAC_{max}$，取其中值为 OAC_2，如图 2-6 所示。最终，确定最佳油石比 $OAC = (OAC_1 + OAC_2)/2$，其数值为 4.9。

2. RAP 料掺量为 10% 时 AC-10 油石比的确定

RAP 料掺量为 10% 时，对 AC-10 热拌沥青混合料的各档集料测定毛体积相对密度和表观相对密度，同时进行马歇尔试验，测定其在油石比为 3.9、4.4、4.9、5.4 时的体积参数，结果见表 2-24 和表 2-25。

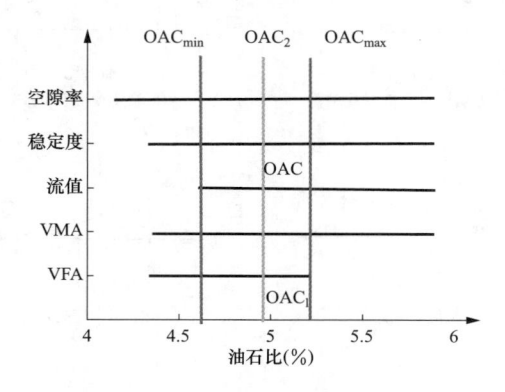

图 2-6 油石比确定图

表 2-24　　　　　RAP 料掺量为 10% 时 AC-10 各档集料合成密度

各档料	10～15mm	5～10mm	3～5mm	0～3mm	矿粉	RAP 料	合成密度
表观相对密度	2.853	2.851	2.850	2.820	2.726	2.803	2.821
毛体积相对密度	2.718	2.706	2.688	2.639	2.715	2.750	2.689
占有比例	0	28	21	35	6	10	—

表 2-25　　　　　RAP 料掺量为 10% 时 AC10 沥青混合料体积参数计算表

油石比	3.9	4.4	4.9	5.4
毛体积相对密度	2.467	2.486	2.494	2.472
稳定度/kN	10.21	10.64	10.64	10.5
流值/mm	1.94	2.22	2.5	2.93
空隙率/%	6.71	5.036	3.649	2.65
VMA/%	16.845	16.266	15.711	16.855
VFA/%	61.296	65.744	71.046	79.412

当 RAP 料掺量为 10% 时，AC-10 在不同油石比情况下，其各项指标的变化趋势如图 2-7 所示。

由图 2-7 可知，RAP 料掺量为 10% 时，AC-10 沥青混合料毛体积相对密度随油石比的增大呈现先增加后减小的趋势。稳定度在油石比为 4.8 时达到峰值，而后不断减小。流值随着油石比的增大而增大，空隙率随着油石比的增加而减小，VFA 随油石比的增加而增加。

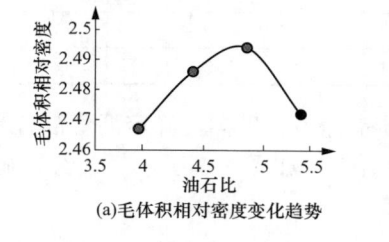

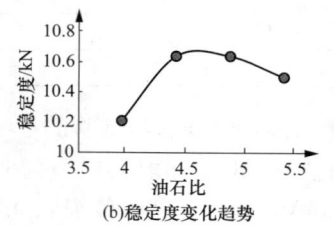

(a) 毛体积相对密度变化趋势　　　　(b) 稳定度变化趋势

图 2-7 RAP 料掺量为 10% 时 AC-10 油石比与体积参数关系图（一）

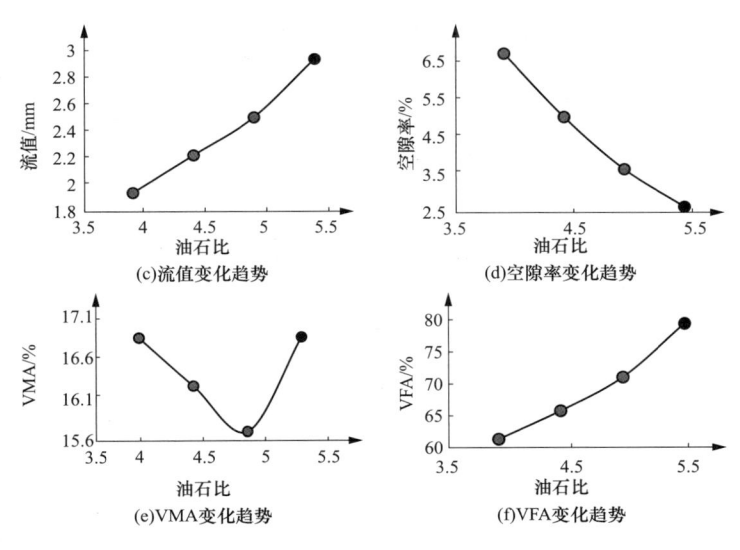

图 2-7　RAP 料掺量为 10% 时 AC-10 油石比与体积参数关系图（二）

在曲线图 2-7 上求取相应于密度最大值、稳定度最大值、目标空隙率（或中值）、沥青饱和度范围的中值的沥青用量 a_1、a_2、a_3、a_4。按式（2-2）取平均值作为 OAC_1。见表 2-26。

表 2-26　　　　　　　　　　　油 石 比 取 值 表

参数	规范取值范围	对应油石比范围	最值或中值
毛体积相对密度/mm	—	—	4.8
空隙率/%	3~5	4.4~5.2	4.9
稳定度/kN	≥8	3.9~5.4	4.8
流值/mm	2~4	4~5.4	—
VMA/%	≥14	3.9~5.4	4.9
VFA/%	65~75	4.4~5.2	4.9

以油石比为横坐标，以马歇尔试验的各项指标为纵坐标，确定沥青混合料技术标准的沥青用量范围 OAC_{min}~OAC_{max}，取其中值为 OAC_2，如图 2-7 所示。最终，确定最佳油石比 $OAC=(OAC_1+OAC_2)/2$，其数值为 4.8。

3. RAP 料掺量为 20% 时 AC-10 的油石比的确定

RAP 料掺量为 20% 时，对 AC-10 热拌沥青混合料测定毛体积相对密度和表观相对密度，同时进行马歇尔试验，测定其在油石比为 3.9、4.4、4.9、5.4 时的体积参数，见表 2-27 和表 2-28。

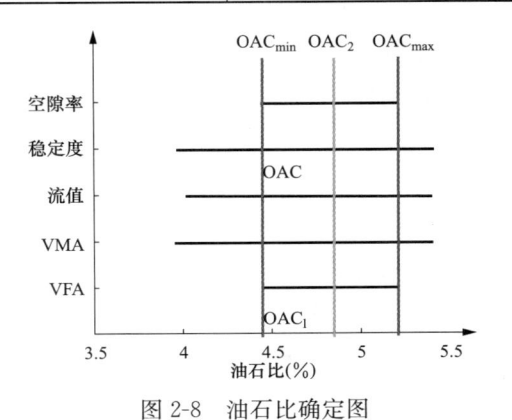

当 RAP 料掺量为 20% 时，AC-10 在不同油石比情况下，各项指标的变化趋势如图 2-9 所示。

图 2-8　油石比确定图

表 2-27　　　　　　RAP 料掺量为 20% 时 AC-10 各档集料合成密度

各档料	10～15mm	5～10mm	3～5mm	0～3mm	矿粉	RAP 料	合成密度
表观相对密度	2.853	2.851	2.850	2.820	2.726	2.803	2.813
毛体积相对密度	2.718	2.706	2.688	2.639	2.715	2.750	2.700
占有比例/%	0	24	19	32	5	20	—

表 2-28　　　　　　RAP 料掺量为 20% 时 AC-10 沥青混合料体积参数

油石比	3.9	4.4	4.9	5.4
毛体积相对密度	2.475	2.491	2.495	2.476
稳定度/kN	9.72	11.93	9.73	8.38
流值/mm	2.33	2.54	2.71	2.98
空隙率/%	4.995	4.021	3.53	2.603
VMA/%	15.326	14.412	15.433	15.825
VFA/%	64.357	70.442	74.216	85.339

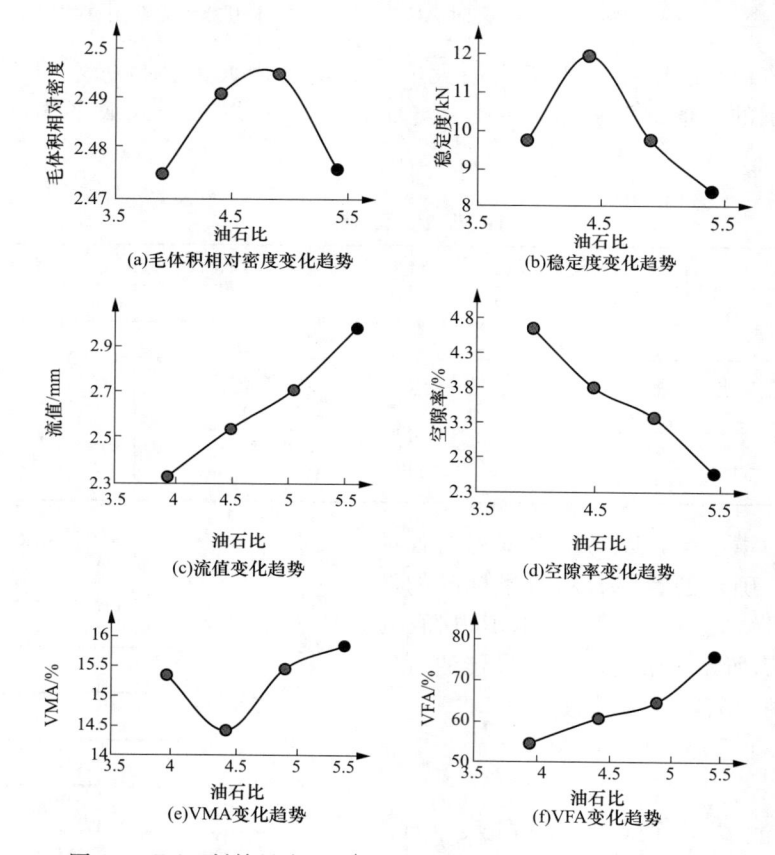

图 2-9　RAP 料掺量为 20% 时 AC-10 油石比与体积参数关系图

由图 2-9 可见，RAP 料掺量为 20% 时，其毛体积相对密度在油石比 4.9 时到达峰值而后减小，稳定度在油石比为 4.4 时达到峰值，然后不断减小，随着油石比的增加，流值增大。空隙率随着油石比的增加而减小。VFA 随油石比的增加而增加。

第 2 章 低掺量 RAP 料热拌沥青混合料材料性能分析和配合比设计

在曲线图 2-9 上求取相应于密度最大值、稳定度最大值、目标空隙率（或中值）、沥青饱和度范围的中值的沥青用量 a_1、a_2、a_3、a_4。按式（2-2）取平均值作为 OAC_1，见表 2-29。

表 2-29　　　　　　　　　　油 石 比 取 值 表

参数	规范取值范围	对应油石比范围	最值或中值
毛体积相对密度	—	—	4.5
空隙率/%	3～5	3.9～5.4	4.4
稳定度/kN	8	3.9～5.4	5.1
流值/mm	2～4	3.9～5.4	—
VMA/%	14	3.9～5.4	4.4
VFA/%	65～75	4～4.8	4.4

以油石比用量为横坐标，以马歇尔试验的各项指标为纵坐标，确定沥青混合料技术标准的沥青用量范围 $OAC_{min} \sim OAC_{max}$，取其中值为 OAC_2，如图 2-10 所示。最终，确定最佳油石比 $OAC=(OAC_1+OAC_2)/2$，其数值为 4.4。

4. RAP 料掺量为 0% 时 AC-13 的油石比确定

RAP 料掺量为 0% 时，测定 AC-13 热拌沥青混合料的各档集料毛体积相对密度和表观相对密度，同时进行马歇尔试验，测定其在油石比为 3.9、4.4、4.9、5.4、5.9 时的体积参数，结果见表 2-30 和表 2-31。

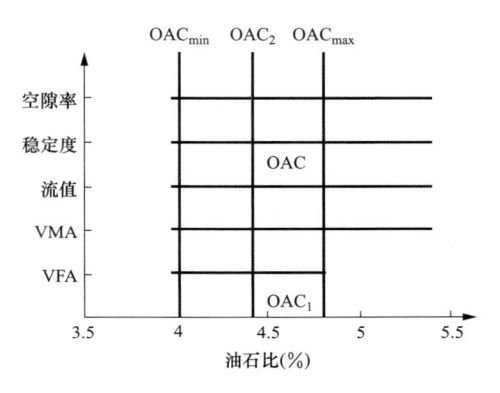

图 2-10　最佳油石比确定图

表 2-30　　　　　RAP 料掺量为 0% 时 AC-13 各档集料合成密度

各档料	10～15mm	5～10mm	3～5mm	0～3mm	矿粉	RAP 料	合成密度
表观相对密度	2.853	2.851	2.850	2.820	2.726	2.803	2.834
毛体积相对密度	2.718	2.706	2.688	2.639	2.715	2.750	2.684
占有比例/%	26	15	22	32	5	0	—

表 2-31　　　　　RAP 料掺量为 0% 时 AC-13 沥青混合料体积参数

油石比	3.9	4.4	4.9	5.4	5.9
毛体积相对密度	2.469	2.504	2.529	2.516	2.482
稳定度/kN	8.27	8.64	8.75	8.39	8.1
流值/mm	2.14	2.22	2.22	2.5	2.81
空隙率/%	6.884	5.496	4.118	2.584	2.145
VMA/%	16.151	15.841	15.25	15.452	15.763
VFA/%	51.185	59.5	70.912	75.107	80.045

当 RAP 料掺量为 0% 时，AC-13 在不同油石比情况下，其各项指标的变化趋势如图 2-11 所示。

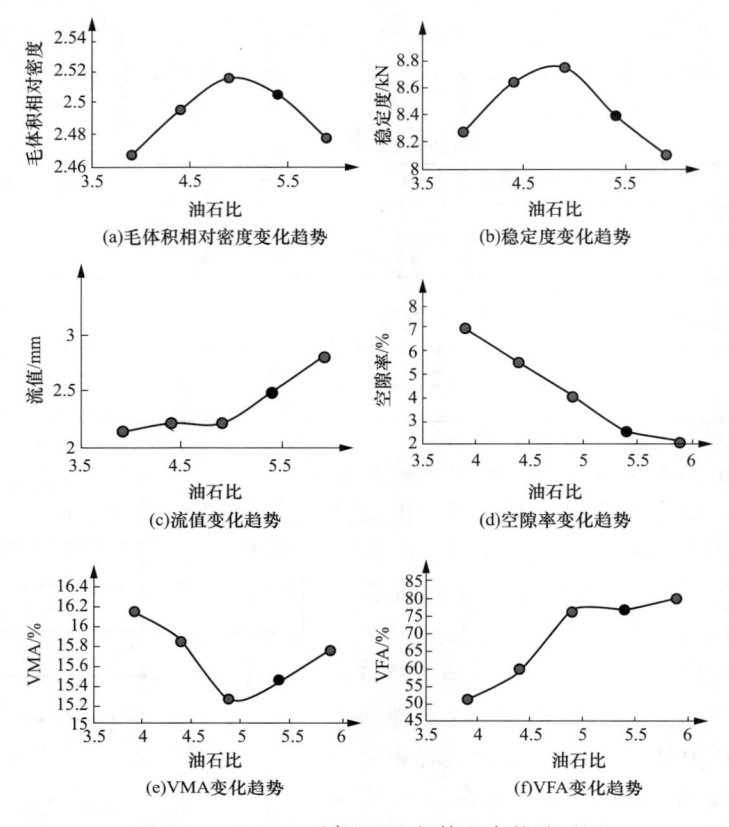

图 2-11　AC-13 0%油石比与体积参数关系图

由图 2-11 可知，当 RAP 料掺量为 0%时，其毛体积相对密度随油石比的增大呈现先增大后减小的趋势。稳定度在油石比为 4.8 时达到最大值。随着油石比的增大，流值增大。空隙率随着油石比的增加而减小。VFA 随油石比的增加而增加。

在曲线图 2-11 上求取相应于密度最大值、稳定度最大值、目标空隙率（或中值）、沥青饱和度范围的中值的沥青用量 a_1、a_2、a_3、a_4。按式（2-2）取平均值作为 OAC_1，见表 2-32。

表 2-32　　　　　　　　　　油 石 比 取 值 表

参数	规范取值范围	对应油石比范围	最值或中值
毛体积相对密度	—	—	4.9
空隙率/%	3~5	4.1~5.2	4.8
稳定度/kN	≥8	3.9~5.9	4.8
流值/mm	2~4	3.9~5.9	—
VMA/%	≥14	3.9~5.9	4.9
VFA/%	65~75	4.2~5.25	4.7

以油石比用量为横坐标，以马歇尔试验的各项指标为纵坐标，确定沥青混合料技术标准的沥青用量范围 $OAC_{min} \sim OAC_{max}$，取其中值为 OAC_2，如图 2-12 所示。最终确定最佳油石比 $OAC=(OAC_1+OAC_2)/2$，数值为 4.8。

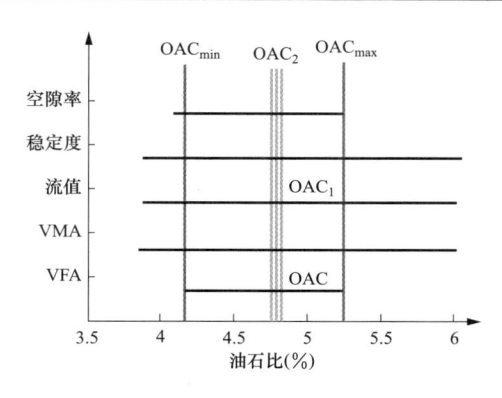

第 2 章 低掺量 RAP 料热拌沥青混合料材料性能分析和配合比设计

图 2-12 油石比确定图

5. RAP 料掺量为 10% 时 AC-13 油石比的确定

RAP 料掺量为 10% 时，测定 AC-13 热拌沥青混合料的各档集料毛体积相对密度和表观相对密度，同时进行马歇尔试验，测定其在油石比为 3.9、4.4、4.9、5.4、5.9 时的体积参数，结果见表 2-33 和表 2-34。

表 2-33　　RAP 料掺量为 10% 时 AC-13 各档集料合成密度

各档料	10～15mm	5～10mm	3～5mm	0～3mm	矿粉	RAP 料	合成密度
表观相对密度	2.853	2.851	2.850	2.820	2.726	2.803	2.824
毛体积相对密度	2.718	2.706	2.688	2.639	2.715	2.750	2.694
占有比例/%	21	12	22	30	5	10	—

表 2-34　　RAP 料掺量为 10% 时 AC-13 沥青混合料体积参数

油石比	3.9	4.4	4.9	5.4	5.9
毛体积相对密度	2.466	2.484	2.517	2.495	2.496
稳定度/kN	9.12	9.23	9.53	9.48	9.31
流值/mm	2.42	2.46	2.63	2.92	3.07
空隙率/%	5.289	4.602	4.121	2.972	2.718
VMA/%	15.959	15.755	15.059	16.178	16.537
VFA/%	63.86	70.791	73.636	75.113	75.722

当 RAP 料掺量为 10% 时，AC-13 在不同油石比情况下，其各项指标的变化趋势如图 2-13 所示。

由图 2-21 可知，RAP 料掺量为 10% 时，随着油石比的增大，其毛体积相对密度先增大，并在 4.9 处达到峰值，而后不断降低。稳定度在油石比为 4.9 时达到峰值，而后不断减小。随着油石比的增加，流值增大。空隙率随着油石比的增加而减小。VFA 随油石比的增加而增加。

在曲线图 2-13 上求取相应于密度最大值、稳定度最大值、目标空隙率（或中值）、沥青饱和度范围的中值的沥青用量 a_1、a_2、a_3、a_4。按式 2-2 取平均值作为 OAC_1，见表 2-35。

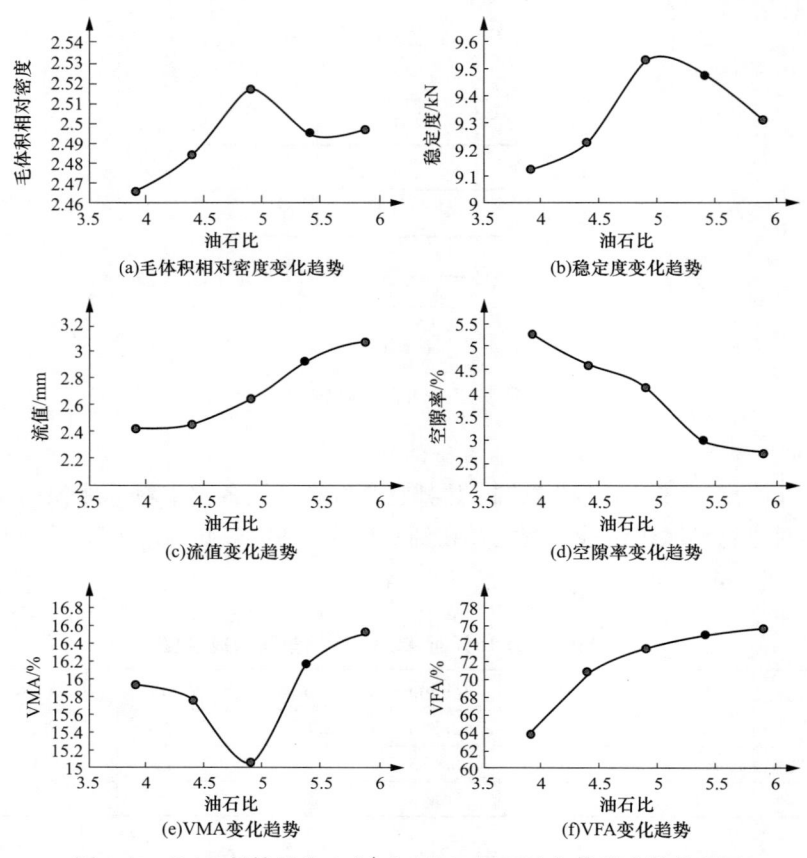

图 2-13 RAP 料掺量为 10% 时 AC-13 油石比与体积参数关系图

表 2-35　　　　　　　　　　油　石　比　取　值　表

参数	规范取值范围	对应油石比范围	最值或中值
毛体积相对密度	—	—	4.6
空隙率/%	3～5	4.2～5.4	4.7
稳定度/kN	≥8	3.9～5.9	4.8
流值/mm	2～4	3.9～5.9	—
VMA/%	≥14	3.9～5.9	4.7
VFA/%	65～75	4.0～5.2	4.7

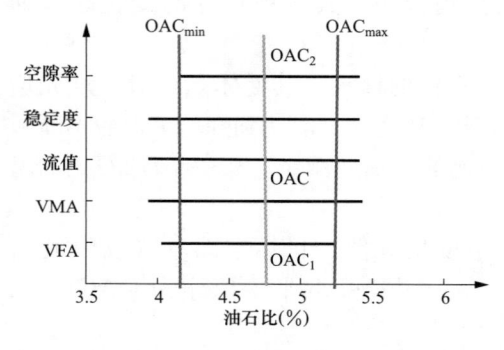

图 2-14 油石比确定图

以油石比用量为横坐标，以马歇尔试验的各项指标为纵坐标，确定沥青混合料技术标准的沥青用量范围 $OAC_{min} \sim OAC_{max}$，取其中值为 OAC_2，如图 2-14 所示。最终，确定最佳油石比 $OAC = (OAC_1 + OAC_2)/2$，数值为 4.7。

6. RAP 料掺量为 20% 时 AC-13 油石比的确定

RAP 料掺量为 20% 时，测定 AC-13 热拌沥青混合料的各档集料毛体积相对密度和表观相对密度，同时进行马歇尔试验，测定其在油石比为 3.9、4.4、4.9、5.4 时的体积参数，结果见表 2-36 和表 2-37。

第 2 章　低掺量 RAP 料热拌沥青混合料材料性能分析和配合比设计

表 2-36　RAP 料掺量为 20% 时 AC-13 各档集料合成密度

各档料	10～15mm	5～10mm	3～5mm	0～3mm	矿粉	RAP 料	合成密度
表观相对密度	2.853	2.851	2.850	2.820	2.726	2.803	2.814
毛体积相对密度	2.718	2.706	2.688	2.639	2.715	2.750	2.705
占有比例/%	20	10	15	30	5	20	—

表 2-37　RAP 料掺量为 20% 时 AC-13 沥青混合料体积参数

油石比	3.9	4.4	4.9	5.4	5.9
毛体积相对密度	2.504	2.532	2.523	2.509	2.496
稳定度/kN	9.58	9.89	9.28	9.06	8.91
流值/mm	2.57	2.81	2.95	3.3	3.47
空隙率/%	4.232	3.851	2.915	2.657	2.718
VMA/%	14.365	14.118	14.892	15.667	16.997
VFA/%	70.539	76.129	79.939	82.363	85.722

当 RAP 料掺量为 20% 时，在不同油石比情况下，AC-13 各项指标的变化趋势如图 2-15 所示。

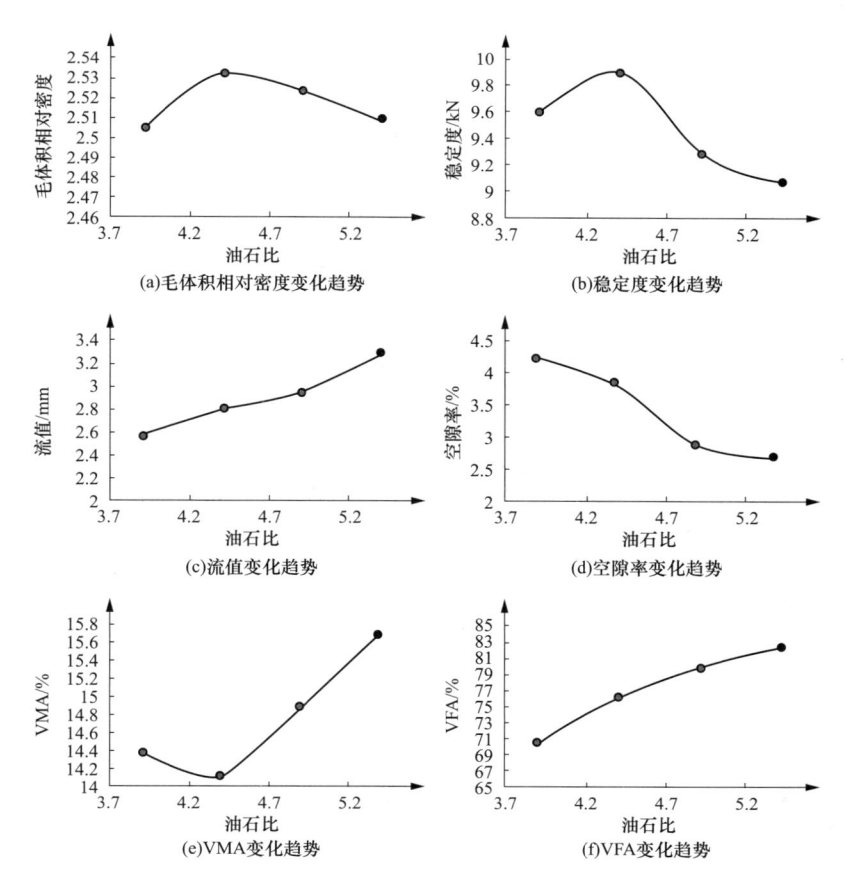

图 2-15　RAP 料掺量为 20% 时 AC-13 油石比与体积参数关系图

由图 2-15 可知，RAP 料掺量为 20% 时，随油石比的增大，其毛体积相对密度先不断增大，并在 4.3 处达到峰值，而后不断降低。规律与 AC-13 在 RAP 料掺量 10%时相同，稳定度也在油石比为 4.3 时达到峰值，而后不断减小。随着油石比增加，流值增加。空隙率随着油石比的增加而减小，VFA 随油石比的增加而增加。

在曲线图 2-15 上求取相应于密度最大值、稳定度最大值、目标空隙率（或中值）、沥青饱和度范围的中值的沥青用量 a_1、a_2、a_3、a_4。按式 2-2 取平均值作为 OAC_1，见表 2-38。

表 2-38 油 石 比 取 值 表

参数	规范取值范围	对应油石比范围	最值或中值
毛体积相对密度	—	—	4.3
空隙率/%	3～5	4.1～5.4	4.1
稳定度/kN	≥8	3.9～5.4	4.3
流值/mm	2～4	3.9～5.4	—
VMA/%	≥14	3.9～5.4	4.3
VFA/%	65～75	3.9～4.3	4

以油石比用量为横坐标，以马歇尔试验的各项指标为纵坐标，确定沥青混合料技术标准的沥青用量范围 OAC_{min}～OAC_{max}，取其中值为 OAC_2，如图 2-16 所示。最终，确定最佳油石比 $OAC=(OAC_1+OAC_2)/2$，结果为 4.2。

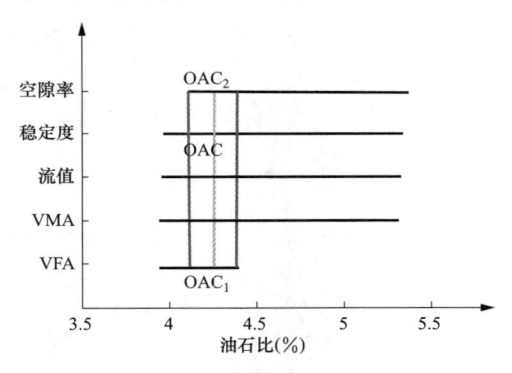

图 2-16 油石比确定图

综上所述，随着 RAP 料掺量的变化，取料于三个拌和站的 AC-10 和 AC-13 两种沥青混合料对应的最佳油石比结果见表 2-39。

表 2-39 油 石 比 汇 总 表

沥青混合料类型	最佳油石比/%		
	新宾	中心	清原
AC-10(0%)	4.9	4.85	4.9
AC-10(10%)	4.8	4.8	4.8
AC-10(15%)	4.65	4.65	4.6
AC-10(20%)	4.4	4.35	4.4
AC-13(0%)	4.8	4.8	4.8
AC-13(10%)	4.7	4.65	4.7
AC-13(15%)	4.5	4.5	4.45
AC-13(20%)	4.2	4.15	4.15

最佳油石比时取料于三个拌和站的体积设计参数汇总结果见表 2-40～表 2-42。

表 2-40　　　　　　　　沥青混合料最佳油石比时的体积参数（新宾）

指标	AC-10				AC-13			
	0	10	15	20	0	10	15	20
毛体积相对密度	2.512	2.490	2.492	2.494	2.494	2.502	2.513	2.522
稳定度/kN	10.18	10.54	10.92	11.93	8.62	9.52	9.67	9.87
流值/mm	1.72	1.5	1.52	1.54	1.22	1.63	1.71	1.66
空隙率/%	4.01	4.9	4.72	4.63	4.97	4.1	4.05	3.92
VMA/%	15.25	15.81	15.62	14.41	15.96	15.01	15.52	15.81
VFA/%	73.74	65.29	66.72	68.21	75.91	72.32	75.11	76.2

表 2-41　　　　　　　　沥青混合料最佳油石比时的体积参数（中心）

指标	AC-10				AC-13			
	0	10	15	20	0	10	15	20
毛体积相对密度	2.511	2.491	2.494	2.497	2.493	2.501	2.512	2.520
稳定度/kN	10.17	10.55	10.97	11.91	8.61	9.51	9.66	9.87
流值/mm	1.76	1.51	1.53	1.54	1.21	1.62	1.72	1.65
空隙率/%	4.02	4.89	4.70	4.63	4.98	4.13	4.15	4.01
VMA/%	15.26	15.87	15.67	14.98	15.72	15.23	15.56	15.98
VFA/%	73.71	65.21	66.63	68.32	75.93	73.42	75.10	76.31

表 2-42　　　　　　　　沥青混合料最佳油石比时的体积参数（清原）

指标	AC-10				AC-13			
	0	10	15	20	0	10	15	20
毛体积相对密度	2.510	2.493	2.497	2.501	2.494	2.511	2.517	2.521
稳定度/kN	10.17	10.53	10.91	11.89	8.61	9.53	9.67	9.89
流值/mm	1.77	1.53	1.56	1.57	1.23	1.68	1.78	1.69
空隙率/%	4.03	4.85	4.71	4.62	4.98	4.12	4.16	4.11
VMA/%	15.27	15.86	15.65	14.67	15.84	15.13	15.54	15.96
VFA/%	73.76	65.29	66.71	98.13	75.87	73.56	75.21	76.32

2.4　本章小结

通过筛分试验确定了低掺量（0%、10%、15%和20%）RAP料与AC-10和AC-13热拌沥青混合料的矿料级配，通过马歇尔试验确定了AC-10和AC-13沥青混合料在RAP料掺量分别在0%、10%、15%和20%的最佳油石比。

第3章 低掺量RAP料热拌沥青混合料高温性能试验研究

沥青混合料的高温性能是沥青路面使用性能的重要一部分，本章通过车辙试验来研究低掺量RAP料热拌沥青混合料的高温性能。抚顺地区为夏热区，根据《公路沥青路面施工技术规范》（JTG F40—2004）要求，车辙试验动稳定度应大于800mm/次。

3.1 车辙试验准备

根据《公路工程沥青及沥青混合料试验规程》（JTG E20—2011）的规定，沥青混合料车辙实验适用于测定沥青混合料高温抗车辙能力，供沥青混合料配合比设计时高温稳定性检验使用。因此通过车辙实验来检验沥青混合料高温稳定性。通过马歇尔实验和相关的路用性能的试验，得出每组沥青混合料的最佳油石比后，根据第二章确定级配进行车辙试验试件的制作。

低掺量RAP料热拌沥青混合料的车辙试验过程中应当注意以下几点：

3.1.1 车辙试验注意事项

（1）在拌和前要进行集料的加热，RAP料加热时温度不能过高，一般设置在120℃。如果加热温度太高，会加速RAP料中沥青的老化。

（2）在热拌沥青混合料的拌和过程中，最好使得各个集料的温度均一，否则会导致试件内部成型时收缩不均而形成空隙和裂缝。由于新旧料的拌和温度需要达到170℃，而RAP料的加热温度为120℃，所以新集料的加热温度要偏高，通常设置在185℃。

（3）混合料中真实的油石比是所加入的新沥青和旧沥青之和，所以掺有RAP料的热拌沥青混合料的油石比要比没有掺加RAP料的油石比要小。

试验时，混合料类型（AC-10、AC-13）和RAP料掺量（0%、10%、15%、20%）进行正交，一共有8组平行试验，每组试验制作4个车辙试验试件，一共进行32个车辙试验试件制作，并进行动稳定度测定。

3.1.2 材料准备

做车辙试验试件前，按照设计好的级配进行集料称重。称料时，应事先在纸片上做好相应的标记，以防在试验时产生拿错料的情况。材料准备操作如图3-1所示。

图3-1中，图（a）是RAP料和车辙模具加热，按照《公路工程沥青及沥青混合料试验规程》（JTG E20—2011）的规定，模具加热为120℃。这样既不会影响RAP料的沥青老化，也不会因为拌和时整体温度太低而导致拌和不均匀，所以，模具和RAP料应放在同一个烘

箱里加热。图 3-1（b）是在 160℃烘箱里加热新骨料和矿粉（在拌和站施工时，通常将矿粉当作冷料加入），图 3-1（c）是 155℃烘箱里加热沥青。不同材料在加热时间上有所不同：新骨料和矿粉需要加热 2h，沥青加热 1h，模具加热时间就不受限制，达到温度即可。

(a)加热RAP料和车辙模具　　(b)加热新骨料和矿粉　　(c)加热沥青

图 3-1　车辙试验试件制备的材料准备操作

与马歇尔试验试件的制作相比，车辙试验试件除了材料用量比马歇尔试验试件多以外，其他的添加比例、加热情况和搅拌顺序都是相同的。混合料拌和顺序见图 3-2。

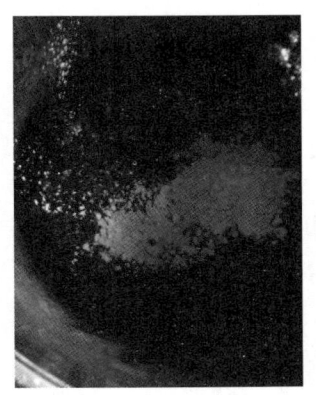

(a)顺序1　　(b)顺序2　　(c)顺序3

图 3-2　集料的拌和顺序

当搅拌锅温度达到 150℃时，集料到达规定加热时间和温度时，就可以进行沥青混合料拌和了。拌和的顺序为：①将新集料和 RAP 料加入搅拌锅，拌和时间为 1min；②向搅拌锅中加入已经称好重量的沥青，进行拌和 1min；③加入已经加热的矿粉，搅拌 1min。总的拌和时间不超过 3min。

3.1.3　车辙试验试件的制作

当沥青混合料都已经拌和完毕后，此时进行车辙试验试件制作，制作过程如图 3-3 所示。

车辙试验试件制作过程如下：

(a)过程1　　(b)过程2　　(c)过程3
(d)过程4　　(e)过程5　　(f)过程6
(g)过程7　　(h)过程8　　(i)过程9

图 3-3　车辙试验试件制作过程

（1）在马歇尔试验模具上铺一层纸，这样方便将车辙试验试件从模具中取出，并且容易清洗车辙试验模具。

（2）向模具中均匀地添加沥青混合料。当混合料多的时候，应将混合料赶到车辙试验模具边缘，增加压实效果。

（3）当搅拌锅里的沥青混合料全部添加到车辙试验模具时，应将混合料向中间移动，形成中间高四周平的模式,并用插刀沿着磨具四周充分捣实沥青混合料。

(4)用车辙试验试件制作专用平锤进行初步击实,并使沥青混合料表面形成中间高四周低的类球形。

(5)在混合料上加铺一层 A4 纸,方便清理车辙试验试件成型仪。

(6)放在车辙试验试件成型仪上进行预压,预压是往返两次,若按单方向计算,则为四次碾压。

(7)将车辙试验试件旋转 90°,重新放入车辙试验试件成型仪中,进行复压,复压次数是往返 12 次(若按单方向计算则是 24 次)。

(8)将碾压好的车辙试验试件进行清理,把周边残余的松散沥青混合料进行清除,把四周的垫纸撕除。

(9)在车辙模具上标记碾压方向,并在沥青混合料冷却以后进行序号标记。

3.2 低掺量 RAP 料热拌沥青混合料高温性能试验

将 AC-10 和 AC-13 两种沥青混合料所对应的 RAP 料掺量分别为 0%、10%、15%、20%进行交叉组合,每种沥青混合料进行 4 组平行试验,取料于新宾拌和站的试验数据见表 3-1 和图 3-4,取料于中心拌和站的试验数据见表 3-2,取料于清源拌和站的试验数据见表 3-3。

表 3-1 车辙试验数据(新宾) (次/mm)

混合料类型	试件编号	动稳定度	动稳定度平均值	混合料类型	试件编号	动稳定度	动稳定度平均值
AC-10(0%)	1	814.931	870.48	AC-13(0%)	1	841.46	864.81
	2	932.802			2	852.13	
	3	866.671			3	849.81	
	4	867.516			4	915.84	
AC-10(10%)	1	780	878.95	AC-13(10%)	1	996.85	975.39
	2	937.456			2	917.77	
	3	951.782			3	963.52	
	4	846.56			4	1023.4	
AC-10(15%)	1	911.3	917.66	AC-13(15%)	1	1231.12	1219.61
	2	924.3			2	1198.42	
	3	927.199			3	1223.58	
	4	907.842			4	1225.31	
AC-10(20%)	1	937.69	988.75	AC-13(20%)	1	1535.1	1508.75
	2	992.732			2	1466.26	
	3	1016.769			3	1485.32	
	4	1007.799			4	1548.3	

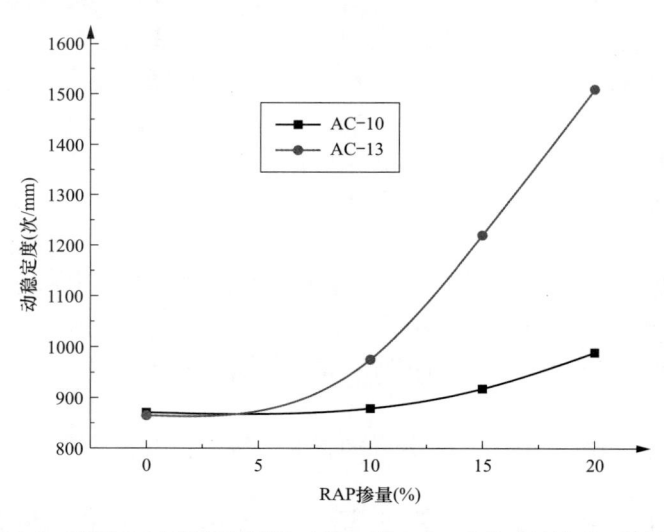

图 3-4 不同 RAP 料掺量下的 AC10 和 AC13 动稳定度变化（新宾）

表 3-2　　　　　　　　　　车辙试验数据（中心）　　　　　　　　　　（次/mm）

混合料类型	试件编号	动稳定度	动稳定度平均值	混合料类型	试件编号	动稳定度	动稳定度平均值
AC-10(0%)	1	871.728	874.65	AC-13(0%)	1	880.1	867.63
	2	884.156			2	840.91	
	3	868.673			3	882.3	
	4	874.055			4	867.2	
AC-10(10%)	1	885.69	873.63	AC-13(10%)	1	990.2	980.03
	2	877.89			2	956.3	
	3	882.96			3	996.7	
	4	847.99			4	976.9	
AC-10(15%)	1	922.116	925.6455	AC-13(15%)	1	1220.3	1230.56
	2	913.783			2	1219.63	
	3	925.99			3	1239.21	
	4	940.693			4	1243.1	
AC-10(20%)	1	1014.39	989.43	AC-13(20%)	1	1656.9	1552.21
	2	962.78			2	1503.1	
	3	1001.39			3	1603.2	
	4	979.16			4	1445.6	

表 3-3　　　　　　　　　　动稳定度数据（清原）　　　　　　　　　　（次/mm）

混合料类型	试件编号	动稳定度	动稳定度平均值	混合料类型	试件编号	动稳定度	动稳定度平均值
AC-10(0%)	1	845.273	855.31	AC-13(0%)	1	918.11	904.39
	2	845.39			2	875	
	3	859.17			3	920.53	
	4	871.39			4	903.92	

续表

混合料类型	试件编号	动稳定度	动稳定度平均值	混合料类型	试件编号	动稳定度	动稳定度平均值
AC-10(10%)	1	884.26	888.65	AC-13(10%)	1	1039.22	1028.03
	2	883.103			2	1001.93	
	3	890.656			3	1046.37	
	4	896.571			4	1024.59	
AC-10(15%)	1	975.39	987.76	AC-13(15%)	1	1292.33	1303.62
	2	994.76			2	1291.59	
	3	979.173			3	1313.13	
	4	1001.702			4	1317.41	
AC-10(20%)	1	1041.56	1033.11	AC-13(20%)	1	1572.59	1567.42
	2	1037.66			2	1623.41	
	3	1035.06			3	1513.52	
	4	1018.16			4	1560.16	

3.3 低掺量RAP料热拌沥青混合料高温因子分析

本节通过对取料于三个拌和站的低掺量RAP料热拌沥青混合料高温性能试验，得到以下结论：

高温因子是指影响沥青混合料高温性能的相关因素。为了研究各因子与低掺量RAP料沥青混合料高温性能的相关性，针对AC-10和AC-13这两类沥青混合料，在不同低掺量RAP料（RAP料含量低于30%）下进行动稳定度试验。通过因子分析法来找出高温性能与各个因子间的关系，并分析出各个因子与动稳定度之间的相关性强弱，利用主成分分析法来验证因子相关性，并找出因子分类。

为了简化高温因子，将影响高温性能的因子分为沥青性质方面和级配性质方面，以下将两方面的因子进行具体讲解。

（1）沥青性质。

沥青的性质对沥青混合料的高温性能影响显著，由于RAP料中含有老化沥青，其含量和老化程度对加入RAP料后的沥青混合料的高温性能都有着一定影响，为此，本节对新旧沥青的性能指标、混合沥青的性能指标以及新旧沥青的含量进行了试验测试。

通过三大指标试验得出针入度、软化点和延度试验结果，新沥青试验数据见表3-4，对RAP料进行抽提试验得到旧沥青，其相应的试验数据见表3-5。

表3-4　　　　　　　新沥青三大指标

试验组	1	2	3	4	5	6	平均值
25℃针入度/0.1mm	81.2	79.3	82.1	83.4	79.9	83.1	81.5
软化点/℃	46.3	47.2	47.7	47.1	45.2	45.8	46.6
15℃延度/cm	103.2	107.8	104.3	110.2	101.3	120.4	107.9

由于低掺量RAP料的热拌沥青混合料中含有新旧两种沥青结合料，需要分别确定最终沥青混合料中两者的含量。

表 3-5　　　　　　　　　　　　　旧沥青三大指标

试验组	1	2	3	4	5	6	平均值
25℃针入度/0.1mm	24.3	25.6	24.7	26.8	29.5	30.1	26.8
软化点/℃	61.2	62.3	63.5	62.8	62.9	64.1	62.8
15℃延度/cm	7.3	8.5	9.6	9.7	10.7	8.1	9

通过RAP料的燃烧炉试验，得到RAP料旧沥青含量为3.82%。试验中设定RAP料掺量分别为0%、10%、15%、20%，再依据马歇尔试验得到的最佳油石比，可以得到对应不同RAP料掺量下的沥青混合料中的旧沥青含量分别为0%、0.382%、0.573%、0.764%。具体试验结果见表3-6。

表 3-6　　　　　　　　　　　　　新旧沥青含量

沥青混合料类型	新沥青含量/%	旧沥青含量/%
AC-10(0%)	4.9	0
AC-10(10%)	4.8	0.382
AC-10(15%)	4.65	0.573
AC-10(20%)	4.4	0.764
AC-13(0%)	4.8	0
AC-13(10%)	4.7	0.382
AC-13(15%)	4.5	0.573
AC-13(20%)	4.2	0.764

混合沥青、新沥青和旧沥青的针入度之间的关系见式（3-1）：

$$\lg h_{\text{mix}} = (1-a)\lg h_{\text{old}} + a\lg h_{\text{new}} \tag{3-1}$$

式中　h_{mix}——混合沥青针入度，0.1mm；

　　　h_{old}——旧沥青针入度，0.1mm；

　　　h_{new}——新沥青针入度，0.1mm；

　　　a——混合沥青中新沥青比例。

由式（3-1）计算混合后沥青针入度计算，结果见表3-7。

表 3-7　　　　　　　　　　　　　混合沥青针入度

沥青混合料类型	新沥青含量/%	旧沥青含量/%	a值	h_{new}/0.1mm	h_{old}/0.1mm	h_{mix}/0.1mm
AC-10(0%)	4.9	0	1	81.5	26.8	81.5
AC-10(10%)	4.8	0.38	0.93	81.5	26.8	75.08
AC-10(15%)	4.65	0.57	0.89	81.5	26.8	72.14
AC-10(20%)	4.4	0.76	0.85	81.5	26.8	69.13
AC-13(0%)	4.8	0	1	81.5	26.8	81.5
AC-13(10%)	4.7	0.38	0.92	81.5	26.8	74.96
AC-13(15%)	4.5	0.57	0.89	81.5	26.8	71.88
AC-13(20%)	4.2	0.76	0.85	81.5	26.8	68.68

表3-7可以看出，RAP料的含量对于混合沥青的针入度影响很大。随着RAP料含量的不断增大，混合沥青针入度不断减小。

（2）低掺量 RAP 料沥青混合料的级配特征参数。

沥青混合料的高温性能与集料的级配关系密切。在满足级配上下限要求时，集料的粗、细集料比例对沥青混合料的影响也是极其显著的。以下从各档集料比例和集料的粗细比例（以集料粒径为 2.36mm 为界划分）开始分析，给出沥青混合料的级配特征参数。

试验设置的 RAP 料掺量分别为 0%、10%、15%、20%，沥青混合料类型为 AC-10 和 AC-13 这两类。新集料采用 A（0～3mm）、B（3～5mm）、C（5～10mm）和 D（10～15mm）四档料。通过筛分试验得到对应的新旧料的级配。根据《公路沥青路面施工技术规范》(JTG F40—2004) 中对 AC 类沥青混合料的配合的上下限要求，对于不同 RAP 料掺量和沥青混合料类型分别进行级配设计，得到各档集料所占比例，见表 3-8。

表 3-8　　级配合成汇总表

集料类型	AC-10				AC-13			
RAP 料	0%	10%	15%	20%	0%	10%	15%	20%
10～15mm	0%	0%	0%	0%	38%	31%	32%	28%
5～10mm	38%	37%	35%	32%	10%	10%	10%	10%
3～5mm	11%	14%	9%	9%	21%	20%	15%	15%
0～3mm	47%	34%	37%	35%	26%	25%	24%	23%
矿粉	4%	5%	4%	4%	5%	4%	4%	4%

根据表 3-8 中各档集料的比例，进行粗、细集料的划分。考虑到 RAP 料的粒径范围是从 0～13.2mm，所以也应将 RAP 料进行归档划分，各类混合料的集料粗细占比见表 3-9。

表 3-9　　沥青混合料粗细占比表

沥青混合料类型	细料占比/%	粗料占比/%	集料粗细比
AC-10（0%）	51	49	0.96
AC-10（10%）	41.5	58.4	1.4
AC-10（15%）	44.9	55.1	1.22
AC-10（20%）	44.2	55.8	1.26
AC-13（0%）	31	69	2.22
AC-13（10%）	31.6	68.4	2.16
AC-13（15%）	31.9	68.1	2.13
AC-13（20%）	32.2	67.8	2.11

从表 3-9 可知，AC-10 和 AC-13 的集料粗细比波动不大。在级配合成时，虽然 RAP 料的掺量不同，由于受到混合料上下限的限制，AC-10 的粗细比维持在 1 左右，AC-13 的粗细比维持在 2 左右。

（3）高温因子分析。

结合沥青性质、低掺量 RAP 料热拌沥青混合料级配参数以及车辙试验数据，为了进一步探究高温影响因子，把概念数字化，将数据进行统一处理分析，见表 3-10。

表 3-10　　　　　　　　　　　　高温因子分析表

集料类型	最大粒径/mm	RAP料/%	A料含量/%	B料含量/%	C料含量/%	D料含量/%	矿粉含量/%	集料粗细比	新沥青含量/%	旧沥青含量/%	混合沥青针入度/0.1mm
AC-10（0%）	9.5	0	47	11	38	0	4	0.96	4.9	0	81.5
AC-10（10%）	9.5	10	34	14	37	0	5	1.41	4.8	0.382	75.08
AC-10（15%）	9.5	15	37	9	35	0	4	1.23	4.65	0.573	72.14
AC-10（20%）	9.5	20	35	9	32	0	4	1.26	4.4	0.764	69.13
AC-13（0%）	13.2	0	26	21	10	38	4	2.23	4.8	0	81.15
AC-13（10%）	13.2	10	25	20	10	31	4	2.16	4.7	0.382	74.96
AC-13（15%）	13.2	15	24	15	10	32	4	2.13	4.5	0.573	71.88
AC-13（20%）	13.2	20	23	15	10	28	4	2.11	4.2	0.764	68.68

本节采用了因素分析法将各个变量之间的影响程度进行分析。因子分析是指从变量群中提取关键因素，达到降维的目的。本节中，动稳定度的影响因素有很多，如 RAP 料含量、不同集料的含量、新旧沥青的影响。通过因素分析法，可以准确地找到不同的因子对动稳定度的影响程度。根据因子分析，可以准确排除影响程度小的因子，得到主要变量，为试验或施工提供指导。采用的因子分析模型是：有 p 维的可观测随机向量 $\boldsymbol{X}=(X_1,\cdots,X_p)'$，$E(\boldsymbol{X})=\mu=(\mu_1,\cdots,\mu_p)$，$\mathrm{cov}(X)=\sum(\sigma_{ij})_{p\times p}$，要求 $\boldsymbol{X}$ 是线性依赖于几个不能观测的称之为公因子的随机向量 $\boldsymbol{F}=(F_1,\cdots,F_m)'$ 和附加的称为误差（或特殊因子）的随机向量 $\varepsilon=(\varepsilon_1,\cdots,\varepsilon_p)'$。见式（3-2）：

$$\begin{cases} X_1-\mu_1 = I_{11}F_1+\cdots+I_{1j}F_j+\cdots+I_{1m}F_m+\varepsilon_1 \\ X_2-\mu_2 = I_{21}F_1+\cdots+I_{2j}F_j+\cdots+I_{2m}F_m+\varepsilon_2 \\ \cdots \\ X_p-\mu_p = I_{p1}F_1+\cdots+I_{pj}F_j+\cdots+I_{pm}F_m+\varepsilon_p \end{cases} \quad (3-2)$$

矩阵表示则公式（3-3）：

$$\boldsymbol{X}-\boldsymbol{\mu} = \boldsymbol{LF}+\boldsymbol{\varepsilon} \quad (3-3)$$

$\boldsymbol{L}=(I_{ij})_{p\times m}$ 是公因子荷载阵，此时，假设：

$$\mathrm{cov}(\boldsymbol{\varepsilon},\boldsymbol{F})=0, E(\boldsymbol{F})=0, \mathrm{cov}(\boldsymbol{F})=\boldsymbol{I}_m（单位阵）, E(\boldsymbol{\varepsilon})=0$$

$$\mathrm{cov}(\boldsymbol{\varepsilon})=\boldsymbol{\Psi}=\begin{Bmatrix} \Psi_1 & & & \\ & \Psi_2 & & \\ & & \ddots & \\ & & & \Psi_p \end{Bmatrix}（\Psi_i 称为误差方差） \quad (3-4)$$

上述关系及其假设就构成了因子分析模型。

通过模型构建，利用 MATLAB 软件将表 3-10 中数据进行导入，计算的因子相关性见表 3-11。

表 3-11　　　　　　低掺量 RAP 料热拌沥青混合料相关数值表

高温因子	相关度
（1）最大粒径	−0.07
（2）RAP料含量	0.71
（3）A料含量	−0.06

续表

高温因子	相关度
（4）B料含量	−0.48
（5）C料含量	0.06
（6）D料含量	−0.2
（7）矿粉含量	−0.46
（8）集料粗细比	−0.12
（9）新沥青含量	−0.78
（10）旧沥青含量	0.71
（11）混合沥青针入度	−0.71

表 3-11 中显示的是任意两个因子之间的相关性。相关性大小在 0~1 之间，如果相关性越大，那么其数值的绝对值越接近于 1，如果相关性不强，其值越接近于 0。由于文章主要研究低掺量 RAP 料高温性能的影响因子，也就是动稳定度和各个因子之间的关系，因此，以表 3-11 中第（2）项以及第（9）项为例，进行相应说明：从第（2）项中，可以看出，动稳定度和 RAP 料掺量的相关度为 0.71，表示两者的相关性极强，而且呈正相关。同理，从第（9）项中，可以看出，动稳定度与新沥青含量为 −0.78，表示两者之间相关性也很强，但是呈现负相关。通过相关度的数值和公因子方差，发现旧沥青含量和 RAP 料含量对动稳定度影响是相同的。从本质上而言，旧沥青含量和 RAP 料掺量具有同一性，因子分析中取 RAP 料掺量即可。

在相关矩阵中，使用的数学方法是最小二乘法，同时利用主成分分析法，进行了数据提取，得到的公因子方差见表 3-12。

表 3-12　　　　　　　　　　低掺量 RAP 料高温因子方差

因子	原始 初始	原始 提取	重新标度 初始	重新标度 提取	排序
最大粒径	3.91	0.02	1	0.005	9
RAP料含量	62.5	31.49	1	0.504	2
0~3mm料含量	69.98	0.29	1	0.004	9
3~5mm料含量	20.79	4.83	1	0.232	5
5~10mm料含量	188.79	0.59	1	0.003	10
10~15mm料含量	304.7	11.92	1	0.209	7
矿粉含量	0.21	0.05	1	0.211	6
集料粗细比	0.27	0.01	1	0.014	8
新沥青含量	0.06	0.03	1	0.602	1
旧沥青含量	0.091	0.05	1	0.504	3
混合沥青针入度	14.98	7.43	1	0.496	4

通过公因子方差来进一步分析相关性程度，将重新标度提取的数据进行排序，与相关矩阵中因子相关度强弱一致。为了直观描述动稳定度与各个因子的相关度，进行了图 3-5 的绘制。如图 3-5 所示，在 0 附近波动的因子相关系弱，而在 ±1 附近波动的相关性好。

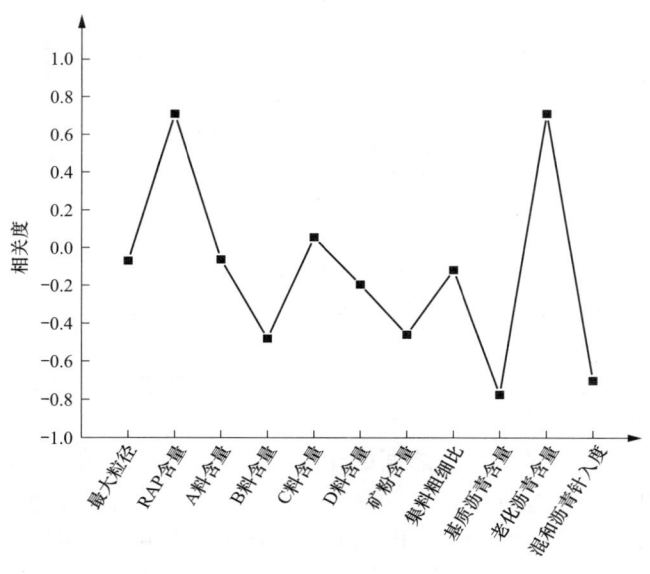

图 3-5 动稳定度的因子相关度

表 3-13 聚 类 划 分

因子	级配性质	沥青性质
集料粗细比	0.9928822	0.0954894
C 料含量	−0.986395	−0.032524
最大粒径	0.9762427	0.104013
D 料含量	0.9612337	0.220774
A 料含量	−0.958687	0.1655283
B 料含量	0.7992897	0.5572855
RAP 料含量	0.142057	−0.963409
旧沥青含量	0.142057	−0.963409
混合沥青针入度	−0.163058	0.9609735
新沥青含量	−0.409098	0.8768524
动稳定度	−0.031233	−0.833549
矿粉含量	0.0581803	0.6136923

如图 3-6 和表 3-13 所示，对因子进行聚类划分，与物理意义进行联系，可以得到所有因子可划分为级配性质和沥青性质这两大类，从影响强弱来说，沥青性质对高温性能影响更大。

综上对动稳定度的影响因子进行了排序，新沥青含量＞RAP 料含量＞混合沥青针入度＞B 料含量＞矿粉含量＞D 料含量。由于其他的相关度太小，所以不加入排序。从以上排序的因子归类来说，主要分为两类：沥青因子分别为新沥青含量、混合沥青针入度；级配因子分别为 B 料含量、D 料含量、矿粉含量，而 RAP 料含量为两类因子的混合因子。从沥青角度而言，由于新沥青占整个混合沥青的比重大于 RAP 料中的旧沥青，所以新沥青的影响系数大于 RAP 料，新沥青越多，针入度降低，沥青混合料的强度降低，高温性能下降，旧沥青作用相反，提高了沥青混合料的高温性能。而从级配角度而言，因为不论是 AC-10 还是 AC-13，它们都是按照规范上的级配上下限来设计的，都能达到 AC 类沥青混合料的骨架要求，但是 B 料较细，添加越多，越不利于嵌挤的形成，而 D 料为粗料，有助于提高高温性能。

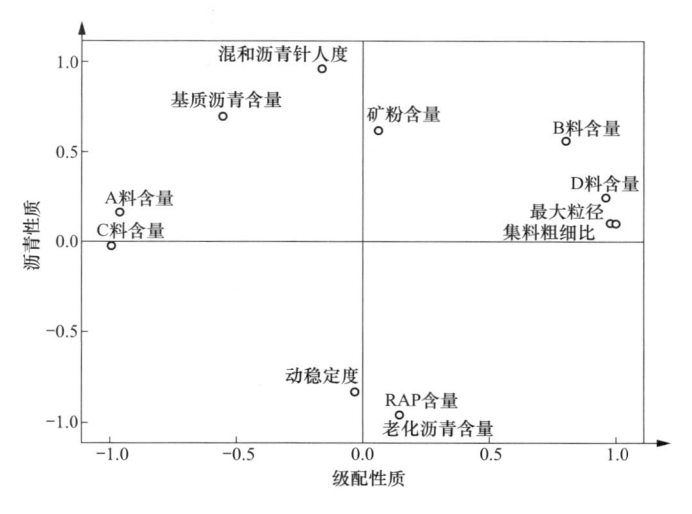

图 3-6　高温稳定性因子相关性聚类图

3.4　本章小结

根据《公路沥青路面施工技术规范》（JTG F40—2004）中规定，热拌沥青混合料在抚顺地区的动稳定度大于 800 次/mm，从实验结果可知，AC-10 和 AC-13 的高温性能都满足规范要求。AC-10 和 AC-13 在 RAP 料掺量为 20% 时达到最值。

本章通过对取料于三个拌和站的低掺量 RAP 料热拌沥青混合料进行高温性能试验，得到以下结论：

（1）室内试验 RAP 料理想加热温度区间为 120~130℃。若 RAP 料中旧沥青已经出现较为严重的老化，建议取温度下限，防止沥青的深度老化；当 RAP 料的掺配比例较高且旧沥青的老化程度不高时，建议将 RAP 料的加热温度适当提高，以取得更好的软化沥青、融合新沥青新集料的效果，但温度不宜超过 130℃。

（2）随着 RAP 料含量的增加，AC-10 和 AC-13 的高温性能都有所增加。因为 RAP 料中含有旧沥青，针入度较小，将混合后的沥青软化点提高、劲度提高，沥青混合料的高温稳定性也将有所提高。在 RAP 料掺量为 0%、10%、15%、20% 时，沥青混合料的动稳定次数也随之增加，而且 AC-13 的高温性能增长速度要高于 AC-10。所以 AC-13 的高温性能要优于 AC-10 的高温性能。

（3）通过验证分析，得出高温影响因子分为两类，一类是沥青性质，另一类是级配性质。沥青性质主要分为新沥青和旧沥青。而在级配因子中起主导作用的是 B 料含量、矿粉含量和 D 料含量。从总体影响权重而言，沥青因子大于级配因子。

（4）通过因子分析法和主成分分析法，我们将高温因子做出了以下排序：新沥青含量＞RAP 料含量＞混合沥青针入度＞B 料含量＞矿粉含量＞D 料含量。其他因子也有所影响，但是由于其与高温相关性太差，不予比较。

（5）通过因子分析可以看出，RAP 料含量和混合沥青针入度对高温影响极大，而影响混合沥青的针入度是由旧沥青的老化程度决定的。所以，从 RAP 料的品质和用量而言，对混合料的高温性能具有指导作用。旧沥青标号低，使整个混合沥青标号整体降低，而其含量越多，标号降低程度越大，所以混合沥青的劲度提高、强度提高，随之混合料的高温性能也将提高。这是从高温角度分析的，如果应用在实际情况中，还应全面考虑。

（6）从RAP料处理方式来说，RAP料未加热时沥青混合料的高温性能更加优秀，此时，沥青混合料是以粗集料的形式添加到沥青混合料中。当RAP料经过120℃加热2h后，RAP料中旧沥青融化，整体沥青混合料沥青含量增加，细料增多，混合料的高温性能下降。

第 4 章　低掺量 RAP 料热拌沥青混合料低温性能试验研究

考虑到东北地区的自然气候特点，沥青结合料的低温性能的研究显得十分重要。近几十年来，世界各国研究人员对于如何评价沥青混合料的低温抗裂性能提出了许多研究方法。本章中按照《公路沥青路面施工技术规范》（JTG F40—2004）的要求，采用小梁低温弯曲试验来评价沥青混合料的低温性能。抚顺地区为冬寒区，根据该规范要求，沥青混合料低温弯曲试验破坏应变应大于 $2300\mu\varepsilon$。

4.1　试验方法和试验方案

4.1.1　试验方法

按照《公路工程沥青及沥青混合料试验规程》（JTG E20—2011）的规定，本项目对低掺量 RAP 料热拌沥青混合料进行低温弯曲试验。由轮碾法成型的板切割而成的小梁试件，在 -10℃的试验温度下进行单点加载直至破坏，加载速率为 50mm/min。试验仪器采用美国 MTS 系统公司生产的材料测试系统 MTS-810，整个试验过程可通过程序进行控制并由计算机自动采集试验数据，实验设备见图 4-1。

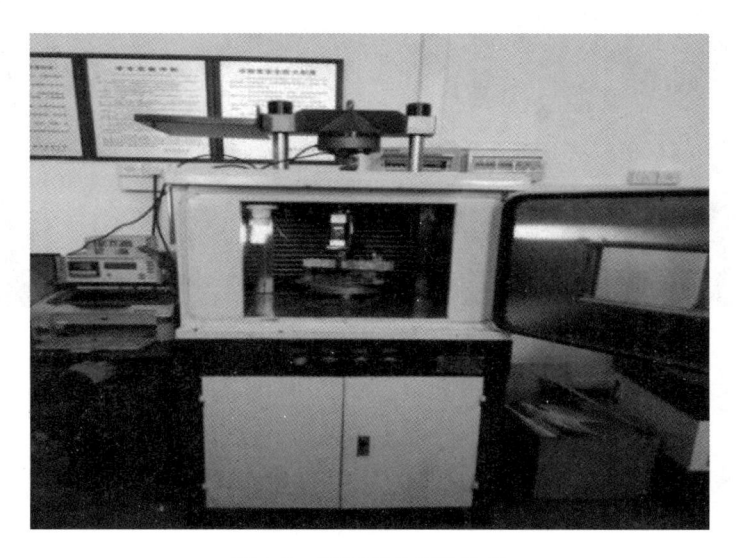

图 4-1　低温弯曲试验设备

按式（4-1）～式（4-3）计算小梁在破坏时的抗弯拉强度值 R_B，破坏时梁底最大弯拉应变 ε_B 及破坏时的弯曲劲度模量 S_B。

$$R_B = \frac{3LP_B}{2bh^2} \tag{4-1}$$

$$\varepsilon_B = \frac{6hd}{L^2} \tag{4-2}$$

$$S_B = \frac{R_B}{\varepsilon_B} \tag{4-3}$$

式中　　R_B——试件破坏时的抗弯拉强度，MPa；

　　　　ε_B——试件破坏时的最大弯拉应变；

　　　　P_B——试件破坏时的最大荷载，N；

　　　　d——试件破坏时的跨中挠度，mm；

　　　　L——试件的跨径，mm；

　　　　b——跨中断面的宽度，mm；

　　　　h——跨中断面的高度，mm。

4.1.2　试验方案

将 AC-10 和 AC-13 两种沥青混合料所对应的 RAP 料掺量分别为 0%、10%、15%、20%进行组合，共分 8 组，每组试验采用六个试件，一共有 48 个小梁试件。低温弯曲试验加载情况见图 4-2。

(a)示例1　　　　　　　　　　(b)示例2

图 4-2　小梁低温弯曲试验加载情况示意图

4.2　低掺量 RAP 料热拌沥青混合料低温性能试验

按照 4.1 中提出的试验方法和试验方案进行低温弯曲试验，取样于三个拌和站的、不同 RAP 料掺量下的小梁弯曲试验基本数据和试验结果分别见表 4-1～表 4-7。

第 4 章　低掺量 RAP 料热拌沥青混合料低温性能试验研究

表 4-1　　　　　　　　　**AC-10-10℃ 低温小梁数据（新宾）**

混合料类型	试件编号	试件长/mm	试件宽/mm	试件高/mm	试件跨度/mm	最大荷载/N	破坏跨中挠度/mm	抗弯拉强度/MPa	破坏应变/$\mu\varepsilon$	破坏劲度模量/MPa
AC-10 (0%)	1	240	29.5	34.5	200	1415	0.91	12.09	3127	3428
	2	240	29.5	34.5	200	1506	1.21	12.87	3254	2651
	3	240	29.5	34.5	200	1139	0.94	9.73	3060	2659
	4	240	29.5	34.5	200	1388	1.09	11.86	3123	2743
	5	240	29.5	34.5	200	1216	0.8	10.39	3040	3418
	6	240	29.5	36.3	200	1375	0.97	10.61	3192	2798
AC-10 (10%)	1	240	29.3	36.5	200	1112	0.78	8.55	2928	2919
	2	240	29.6	36.4	200	1160	0.81	8.87	2896	2866
	3	240	30.1	35.1	200	1026	0.76	8.30	2931	2831
	4	240	30.0	35.0	200	1153	0.81	9.41	2945	2993
	5	240	29.9	34.9	200	1264	0.83	10.41	2923	3231
	6	240	29.6	36.3	200	1105	0.83	8.50	3185	2668
AC-10 (15%)	1	240	29.5	35.3	200	1120	0.8	9.14	2740	3007
	2	240	29.6	35.4	200	1098	0.79	8.88	2508	2953
	3	240	29.7	35.6	200	1052	0.81	8.38	2609	2697
	4	240	29.3	35.2	200	998	0.78	8.25	2728	2817
	5	240	29.7	35.0	200	991	0.79	8.17	2519	2706
	6	240	29.3	34.9	200	1107	0.8	9.31	2716	3085
AC-10 (20%)	1	240	29.3	36.5	200	938	0.67	7.21	2745	2949
	2	240	29.6	36.4	200	981	0.7	7.50	2608	2877
	3	240	30.1	35.1	200	1092	0.81	8.83	2557	2798
	4	240	30.0	35.0	200	1067	0.76	8.71	2620	2983
	5	240	29.9	34.9	200	943	0.63	7.77	2526	3340
	6	240	29.6	36.3	200	992	0.73	7.63	2341	2783

表 4-2　　　　　　　　　**AC-13-10℃ 低温小梁数据（新宾）**

混合料类型	试件编号	试件长/mm	试件宽/mm	试件高/mm	试件跨度/mm	最大荷载/N	破坏跨中挠度/mm	抗弯拉强度/MPa	破坏应变/$\mu\varepsilon$	破坏劲度模量/MPa
AC-13 (0%)	1	240	29.3	36.5	200	968	0.66	7.44	2701	3099
	2	240	29.6	36.4	200	372	0.43	7.06	2719	2919
	3	240	30.1	35.1	200	1013	0.64	8.20	2690	3429
	4	240	30.0	35.0	200	864	0.62	7.05	2590	3080
	5	240	29.9	34.9	200	759	0.61	6.25	2536	2796
	6	240	29.6	34.8	200	864	0.63	7.23	2597	3148
AC-13 (10%)	1	240	29.3	36.5	200	1034	0.61	7.95	2481	3644
	2	240	29.6	36.4	200	1014	0.68	7.76	2819	3079
	3	240	30.1	35.1	200	1002	0.61	8.11	2554	3596
	4	240	30.0	35.0	200	963	0.58	7.86	2410	3726
	5	240	29.9	34.9	200	1176	0.58	9.69	2401	4610
	6	240	29.6	36.3	200	1054	0.69	8.11	2864	3162

续表

混合料类型	试件编号	试件长/mm	试件宽/mm	试件高/mm	试件跨度/mm	最大荷载/N	破坏跨中挠度/mm	抗弯拉强度/MPa	破坏应变/με	破坏劲度模量/MPa
AC-13(15%)	1	240	29.7	35.7	200	1107	0.59	8.77	2428	4122
	2	240	29.6	35.2	200	998	0.61	8.16	2508	3697
	3	240	29.8	34.9	200	956	0.6	7.90	2482	3621
	4	240	29.6	34.8	200	956	0.58	8.00	2375	3855
	5	240	29.6	35.1	200	1012	0.57	8.33	2331	4099
	6	240	29.6	35.3	200	952	0.61	7.74	2508	3506
AC-13(20%)	1	240	29.3	36.5	200	1168	0.53	8.98	2129	4907
	2	240	29.6	36.4	200	1237	0.54	9.46	2198	4986
	3	240	30.1	35.1	200	1073	0.56	8.68	2328	4279
	4	240	30.0	35.0	200	1007	0.59	8.22	2455	3815
	5	240	29.9	34.9	200	1253	0.58	10.32	2401	4912
	6	240	29.6	36.3	200	1157	0.58	8.90	2375	4288

表 4-3　　　　AC-10-10℃低温小梁数据（中心）

混合料类型	试件编号	试件长/mm	试件宽/mm	试件高/mm	试件跨度/mm	最大荷载/N	破坏跨中挠度/mm	抗弯拉强度/MPa	破坏应变/με	破坏劲度模量/MPa
AC-10(0%)	1	240	29.5	34.3	200	1417	0.93	12.09	3130	3422
	2	240	29.5	34.5	200	1513	1.19	12.87	3249	2654
	3	240	29.5	35.6	200	1141	0.94	9.56	3154	2651
	4	240	29.5	34.5	200	1387	1.01	11.86	3219	2749
	5	240	29.5	34.5	200	1219	0.83	10.31	3137	3414
	6	240	29.5	36.3	200	1379	0.92	10.61	3089	2794
AC-10(10%)	1	240	29.3	36.5	200	1117	0.75	8.55	2931	2914
	2	240	29.6	36.4	200	1158	0.82	8.87	3001	2869
	3	240	30.1	35.1	200	1022	0.74	8.30	2945	2835
	4	240	30.0	35.0	200	1150	0.84	9.41	3041	2997
	5	240	29.9	34.9	200	1262	0.81	10.41	3034	3236
	6	240	29.6	36.3	200	1107	0.83	8.50	3082	2667
AC-10(15%)	1	240	29.5	35.4	200	1121	0.82	9.14	2745	3001
	2	240	29.6	35.4	200	1089	0.78	8.88	3012	2943
	3	240	29.7	35.6	200	1050	0.81	8.38	2874	2691
	4	240	29.3	35.2	200	996	0.78	8.25	2931	2823
	5	240	29.7	35.3	200	985	0.79	8.17	2723	2712
	6	240	29.3	34.9	200	1101	0.81	9.31	2821	3079
AC-10(20%)	1	240	29.3	36.5	200	940	0.67	7.21	2649	2937
	2	240	29.6	36.4	200	982	0.73	7.50	2703	2816
	3	240	30.1	35.1	200	1097	0.81	8.83	2654	2778
	4	240	30.0	35.0	200	1061	0.76	8.71	2623	2983
	5	240	29.9	35.0	200	942	0.63	7.77	2527	3340
	6	240	29.6	36.3	200	997	0.71	7.63	2639	2783

表 4-4　　　　　　　　　　AC-13-10℃低温小梁数据（中心）

混合料类型	试件编号	试件长/mm	试件宽/mm	试件高/mm	试件跨度/mm	最大荷载/N	破坏跨中挠度/mm	抗弯拉强度/MPa	破坏应变/$\mu\varepsilon$	破坏劲度模量/MPa
AC-13 (0%)	1	240	29.3	36.2	200	968	0.63	7.43	2851	3103
	2	240	29.6	36.3	200	375	0.42	7.06	2831	2921
	3	240	30.1	35.1	200	1032	0.61	8.24	2719	3431
	4	240	30.0	35.0	200	865	0.61	7.11	2697	3075
	5	240	29.9	35.0	200	754	0.60	6.26	2636	2803
	6	240	29.6	34.9	200	871	0.63	7.24	2697	3151
AC-13 (10%)	1	240	29.3	36.4	200	1064	0.63	7.97	2585	3651
	2	240	29.6	36.3	200	1021	0.64	7.78	2923	3081
	3	240	30.1	35.0	200	1011	0.61	8.09	2654	3597
	4	240	30.0	35.1	200	976	0.59	7.79	2510	3731
	5	240	29.9	35.0	200	1181	0.57	9.70	2513	4615
	6	240	29.6	36.0	200	1051	0.66	8.13	2964	3156
AC-13 (15%)	1	240	29.7	35.6	200	1114	0.58	8.79	2528	4123
	2	240	29.6	35.3	200	1009	0.62	8.17	2617	3702
	3	240	29.8	34.8	200	945	0.63	7.97	2582	3631
	4	240	29.6	34.7	200	935	0.59	8.01	2474	3856
	5	240	29.6	35.6	200	1013	0.55	8.34	2431	4102
	6	240	29.6	35.1	200	964	0.60	7.77	2608	3513
AC-13 (20%)	1	240	29.3	36.1	200	1161	0.51	8.95	2378	4916
	2	240	29.6	36.2	200	1246	0.56	9.46	2301	4986
	3	240	30.1	35.3	200	1069	0.54	8.68	2397	4279
	4	240	30.0	35.4	200	1010	0.58	8.22	2555	3821
	5	240	29.9	34.6	200	1251	0.56	10.02	2501	4923
	6	240	29.6	36.1	200	1154	0.57	8.90	2418	4291

表 4-5　　　　　　　　　　AC-10-10℃低温小梁数据（清原）

混合料类型	试件编号	试件长/mm	试件宽/mm	试件高/mm	试件跨度/mm	最大荷载/N	破坏跨中挠度/mm	抗弯拉强度/MPa	破坏应变/$\mu\varepsilon$	破坏劲度模量/MPa
AC-10 (0%)	1	240	29.5	34.1	200	1421	0.97	12.45	3145	3438
	2	240	29.5	34.3	200	1510	1.13	12.32	3226	2646
	3	240	29.5	35.3	200	1139	0.98	9.59	3064	2651
	4	240	29.5	34.5	200	1380	1.01	11.78	3013	2751
	5	240	29.5	34.5	200	1223	0.87	10.12	3098	3419
	6	240	29.5	36.3	200	1331	0.92	10.12	3196	2786
AC-10 (10%)	1	240	29.3	36.5	200	1121	0.71	8.45	2941	2919
	2	240	29.6	36.4	200	1161	0.81	8.82	3023	2867
	3	240	30.1	35.1	200	1026	0.71	8.30	2947	2854
	4	240	30.0	35.0	200	1154	0.86	9.41	3156	2989
	5	240	29.9	34.9	200	1266	0.79	10.41	3031	3236
	6	240	29.6	36.3	200	1113	0.83	8.56	3179	2661

续表

混合料类型	试件编号	试件长/mm	试件宽/mm	试件高/mm	试件跨度/mm	最大荷载/N	破坏跨中挠度/mm	抗弯拉强度/MPa	破坏应变/με	破坏劲度模量/MPa
AC-10 (15%)	1	240	29.5	35.4	200	1122	0.82	9.15	2761	3012
	2	240	29.6	35.4	200	1093	0.82	8.95	2926	2948
	3	240	29.7	35.6	200	1058	0.81	8.41	2887	2701
	4	240	29.3	35.2	200	991	0.79	8.31	2929	2831
	5	240	29.7	35.3	200	981	0.79	8.23	2723	2721
	6	240	29.3	34.9	200	1112	0.83	9.64	2625	3075
AC-10 (20%)	1	240	29.3	36.5	200	945	0.68	7.19	2551	2937
	2	240	29.6	36.4	200	984	0.72	7.51	2614	2823
	3	240	30.1	35.1	200	1097	0.84	8.86	2751	2778
	4	240	30.0	35.0	200	1061	0.79	8.87	2635	2984
	5	240	29.9	35.0	200	946	0.79	7.77	2528	3347
	6	240	29.6	36.3	200	991	0.71	7.63	2747	2785

表 4-6   AC-13-10℃低温小梁数据（清原）

混合料类型	试件编号	试件长/mm	试件宽/mm	试件高/mm	试件跨度/mm	最大荷载/N	破坏跨中挠度/mm	抗弯拉强度/MPa	破坏应变/με	破坏劲度模量/MPa
AC-13 (0%)	1	240	29.3	36.2	200	973	0.62	7.46	2802	3109
	2	240	29.6	36.3	200	789	0.53	7.09	2789	2921
	3	240	30.1	35.1	200	1026	0.67	8.29	2673	3438
	4	240	30.0	35.0	200	877	0.63	7.17	2651	3075
	5	240	29.9	35.0	200	756	0.65	6.26	2587	2803
	6	240	29.6	34.9	200	877	0.57	7.24	2647	3151
AC-13 (10%)	1	240	29.3	36.4	200	1069	0.66	7.75	2535	3651
	2	240	29.6	36.3	200	1023	0.64	7.79	2879	3097
	3	240	30.1	35.0	200	1013	0.62	8.11	2604	3597
	4	240	30.0	35.1	200	972	0.59	7.81	2460	3731
	5	240	29.9	35.0	200	1189	0.55	9.74	2467	4615
	6	240	29.6	36.0	200	1053	0.64	8.16	2914	3156
AC-13 (15%)	1	240	29.7	35.6	200	1123	0.57	8.74	2478	4123
	2	240	29.6	35.3	200	1012	0.63	8.19	2569	3702
	3	240	29.8	34.8	200	971	0.63	7.98	2536	3631
	4	240	29.6	34.7	200	956	0.57	8.03	2424	3856
	5	240	29.6	35.6	200	1029	0.57	8.37	2385	4112
	6	240	29.6	35.1	200	956	0.62	7.78	2558	3513
AC-13 (20%)	1	240	29.3	36.1	200	1161	0.53	8.95	2281	4916
	2	240	29.6	36.2	200	1248	0.57	9.46	2259	4986
	3	240	30.1	35.3	200	1061	0.53	8.68	2347	4279
	4	240	30.0	35.4	200	1013	0.57	8.22	2505	3825
	5	240	29.9	34.6	200	1251	0.59	9.87	2451	4923
	6	240	29.6	36.1	200	1153	0.57	8.90	2747	4291

表 4-7　　　　　　　　　　不同 RAP 料掺量下的小梁弯曲试验结果

地点	试验结果	AC-10				AC-13			
		0	10	15	20	0	10	15	20
新宾	劲度模量/MPa	2949.5	2919.67	2877.5	2955	3078.5	3636.17	3816.67	4531.17
	弯拉强度/MPa	12.87	9.01	8.69	7.94	7.21	8.25	8.15	9.09
	破坏应变/$\mu\varepsilon$	3133	2968	2637	2566	2639	2588	2439	2314
中心	劲度模量/MPa	2947.33	2919.67	2874.83	2939.5	3080.67	3638.5	3821.17	4536
	弯拉强度/MPa	12.87	8.87	8.88	7.5	7.06	7.78	8.17	9.46
	破坏应变/$\mu\varepsilon$	3163	3006	2851	2633	2739	2692	2540	2425
清原	劲度模量/MPa	2948.5	2921	2881.33	2942.33	3082.83	3641.17	3822.83	4536.33
	弯拉强度/MPa	12.32	8.82	8.95	7.51	7.09	7.79	8.19	9.46
	破坏应变/$\mu\varepsilon$	3124	3046	2809	2638	2692	2643	2492	2432

4.3　本章小结

本章通过对取料于三个拌和站的低掺量 RAP 料热拌沥青混合料低温性能试验，得到以下结论：

（1）根据《公路沥青路面施工技术规范》（JTG F40—2017）中规定，热拌沥青混合料在抚顺地区的小梁低温弯曲试验时破坏应变大于 $2300\mu\varepsilon$，从实验结果可以看出，三个拌和站的 AC-10 和 AC-13 在 RAP 料掺量为 0%、10%、15%和 20%时，都满足规范要求。

（2）随着 RAP 料含量的增大，沥青混合料的低温性能变差。RAP 料越多，混合沥青整体针入度降低，沥青变脆变硬，低温性能随之降低。

（3）AC-10 的低温性能要优于 AC-13 的低温性能。主要是因为 AC-10 的集料要比 AC-13 的细，对低温性能有促进作用。

第 5 章 低掺量 RAP 料热拌沥青混合料水稳定性能试验研究

沥青混凝土路面的水损害问题，无论在南方多雨地区，还是在北方冰冻地区，都是比较严重的，而且已经成为一个普遍性的问题。水损害已经成为沥青路面早期病害的主要因素之一，所以对于沥青混合料的水稳定性的研究至关重要。查阅抚顺地区水文资料，得知其年降水量在 750~800mm 之间，因此，要求在浸水马歇尔试验中，其残留稳定度不小于 80%；冻融劈裂试验中，残留稳定度不小于 75%。

5.1 沥青路面水损害机理分析

沥青路面的水损害可以从两个层面认识。沥青路面在水分存在的条件下，经受交通荷载和温度涨缩的反复作用，一方面，水分逐步浸入到沥青胶结料内部或沥青与集料的界面上，前者使沥青胶结料变软或乳化，自身黏聚力降低；后者使沥青胶结料对集料的黏附性下降，二者均使沥青胶结料容易从集料表面剥落。另一方面，由于车轮荷载产生的水力冲刷作用（见图 5-1），加速了沥青膜逐渐从集料表面剥离，并使得集料之间的黏结力丧失而导致路面发生破坏。

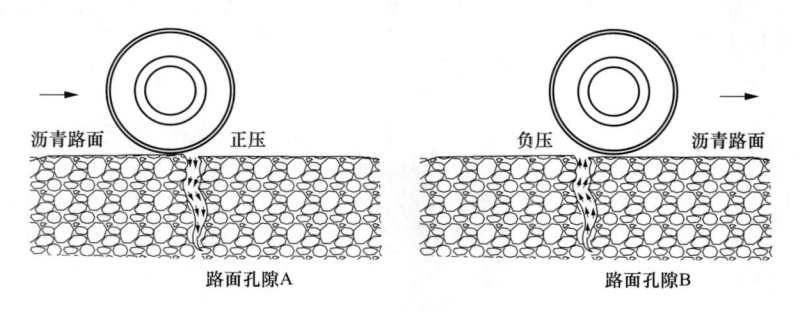

图 5-1 水力冲刷及孔隙压力示意图

混合料空隙率太大及排水设施不完善而导致自由水侵入并滞留于混凝土之中是导致沥青路面水损害的原因之一。混合料空隙率较大时，自由水容易进入到沥青混合料中，尤其是混合料空隙率在 7%~12% 之间时，进入的自由水不易流出而积存在混合料内部，使沥青混合料饱水率增大，严重时饱水率可达到 70% 左右，几乎相当于室内试验真空饱水后马歇尔试验试件的饱水率。

同时，聚集在沥青混合料内部的水在冻结时，其体积要增加 9%。在渗透作用下，周围未冻结区的水分会向表面冻结区迁移和集聚，使冻结区水分进一步增加。冻结后，冰晶体体积不断扩大，使混合料内部产生温度应力，冻胀作用会使沥青层内的微空隙及原始裂缝扩大。春融季节，冰晶体又转化为流态水引起水稳定性破坏，导致路面的鼓包、开裂及由于强度降低而引起的车辙、拥包等病害。尤其是在空隙率大、有连通水存在的地方，这种破坏更严重。

而车轮荷载产生的抽吸式正负压作用无疑加剧了水损害现象的发生。沥青路面存在着大大小小的空隙，有连通和不连通的，当车轮快速驶来，轮底即将接触整个A空隙时，A孔上方的空气和水来不及流走而迅速被车轮压入A孔中，此时A孔压力大于外界压力，这种正压冲刷会加速集料尖端或裂缝处沥青膜的剥落。当轮胎将路面孔隙封住时，孔隙内部有较大压力，即孔隙水压力。而当车轮将要驶过B孔时（以B孔的位置来描述A孔此地情况），在此之前B孔处于较大正压下，随着车轮快速驶离B孔，B孔中的正压释放，水和空气迅速冲出B孔到达路表，在短时内B孔会形成负压，同样这种负压冲刷会加速集料表面沥青膜的剥离而造成水损害。

5.2 试验方法和试验方案

5.2.1 试验方法和原理

按照《公路工程沥青及沥青混合料试验规程》（JTG E20—2011）的相关规定进行低掺量RAP料热拌沥青混合料的水稳定性研究。采用80℃水浸法和搅动水净吸附法作为评价沥青与矿料黏附性等级，采用浸水马歇尔试验和冻融劈裂试验作为检验沥青混合料水稳定性的方法。

按该标准中的击实法成型浸水马歇尔试验试件，试件直径为101.6mm±0.2mm、高度为63.5mm±1.3mm，空隙率为4%左右。试件在60℃±1℃的恒温水中浸泡30~45min后进行常规稳定度试验，试件在60℃的恒温水中浸泡48h后进行浸水马歇尔试验，试验温度均为60℃，加载速率为50mm/min。浸水马歇尔稳定度对常规马歇尔稳定度的百分比为沥青混合料的残留稳定度。

1. 试验仪具

（1）试验机。试验机采用马歇尔试验仪。试验机负荷应满足最大测定荷载不超过其量程的80%且不小于其量程的20%的要求，宜采用40kN或60kN传感器，读数精密度为10N。本试验采用的试验机如图5-2所示。

（2）恒温冰箱。能保持温度为-18℃，当缺乏专用的恒温冰箱时，可采用家用电冰箱的冷冻室代替，控温准确度为2℃。本试验采用的恒温冰箱见图5-3。

（3）恒温水槽。用于试件保温，温度范围能满足试验要求，控温准确度为0.5℃。如图5-4所示。

（4）压条。上下各一根，试件直径100mm时，压条宽度为12.7mm。如图5-5所示。

（5）真空抽提仪器。试验用真空抽提仪器如图5-6所示。

图5-2 冻融劈裂试验机

图 5-3　冻融劈裂恒温冰箱 　　　　　　图 5-4　冻融劈裂恒温水槽

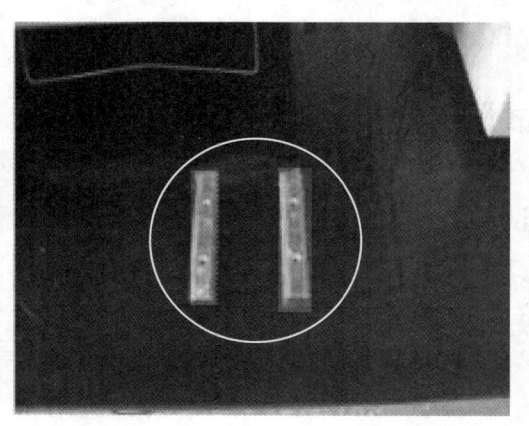

(a)示例1　　　　　　　　　　(b)示例2

图 5-5　压条

(a)示例1　　　　　　　　　　(b)示例2

图 5-6　真空抽提仪器

2. 水稳定性试验指标的计算
（1）浸水马歇尔浸水残留稳定度的计算。

试验的方法与标准马歇尔试验方法不同之处在于试件在达到规定温度时，还要在恒温水浴中保温 48h，其余步骤均与马歇尔试验方法相同。浸水残留稳定度按式（5-1）计算。

$$MS_0 = \frac{MS_1}{MS} \times 100 \tag{5-1}$$

式中 MS_0——试件的浸水残留稳定度百分比,%;

MS_1——试件浸水 48h 后的稳定度,kN;

MS——试件的常规稳定度,kN。

(2) 冻融劈裂抗拉强度比。

劈裂抗拉强度按式(5-2)和式(5-3)进行计算。

$$R_{T1} = 0.006287 P_{T1}/h_1 \tag{5-2}$$
$$R_{T2} = 0.006287 P_{T2}/h_2 \tag{5-3}$$

式中 R_{T1}——未进行冻融循环的第一组单个试件的劈裂抗拉强度,MPa;

R_{T2}——经受冻融循环的第二组单个试件的劈裂抗拉强度,MPa;

P_{T1}——第一组单个试件的试验荷载,N;

P_{T1}——第二组单个试件的试验荷载,N;

h_1——第一组每个试件高度,mm;

h_2——第二组每个试件高度,mm。

冻融劈裂抗拉强度比按公式(5-4)计算。

$$TSR = \frac{\overline{R}_{T2}}{\overline{R}_{T1}} \times 100 \tag{5-4}$$

式中 TSR——冻融劈裂试验强度比,%;

$\overline{R}_{T2}$——经受冻融循环的第二组有效试件劈裂抗拉强度平均值,MPa;

$\overline{R}_{T1}$——未经受冻融循环的第一组有效试件劈裂抗拉强度平均值,MPa。

5.2.2 试验步骤和试验方案

(1) 按 JTG E20—2011《公路工程沥青及沥青混合料试验规程》中的 T0702—2011 沥青混合料试件制作方法(击实法)制作圆柱体试件。试验选择的马歇尔试件类型分别是 AC-10 (RAP 料掺量为 0%)、AC-10(RAP 料掺量为 10%)、AC-10(RAP 料掺量为 15%)、AC-10 (RAP 料掺量为 20%)、AC-13(RAP 料掺量为 0%)、AC-13(RAP 料掺量为 10%)、AC-13 (RAP 料掺量为 15%)、AC-13(RAP 料掺量为 20%),其中每组 8 个。所制作的试件如图 5-7 所示。

图 5-7 试验所需试件

(2) 按规程的规定方法测定试件的直径及高度,准确至 0.1mm。试件尺寸应符合直径 101.6mm±0.25mm,高 63.5mm±1.3mm 的要求。在试件两侧通过圆心画上对称的十字标记。所得的高度分别为见表 5-1 和表 5-2,以 AC-10 冻融前和冻融后的为例。

表 5-1　　　　　不同 RAP 料掺量下 AC-10 冻融前试件高度表

混合料类型	试件编号	高度一	高度二	高度三	平均值
AC-10 (0%)	1	63.32	62.5	63.77	63.20
	2	63.14	62.28	62.25	62.56
	3	63.67	63.85	63.64	63.72
	4	63.10	62.54	62.95	62.86
AC-10 (10%)	1	62.92	62.21	63.41	62.85
	2	63.67	62.68	63.44	63.26
	3	62.42	63.2	62.60	62.74
	4	63.13	62.63	63.12	62.96
AC-10 (15%)	1	63.51	63.25	63.98	63.58
	2	63.54	63.57	63.48	63.53
	3	63.42	63.56	63.54	63.51
	4	63.57	63.48	63.64	63.56
AC-10 (20%)	1	62.43	63.28	62.44	62.72
	2	63.05	63.83	63.20	63.36
	3	63.77	63.4	63.29	63.49
	4	63.35	62.77	63.26	63.13
AC-13 (0%)	1	62.98	62.64	62.85	62.82
	2	62.86	63.89	63.94.	63.38
	3	64.70	64.08	62.82	63.87
	4	63.84	63.12	62.44	63.13
AC-13 (10%)	1	63.87	63.33	63.90	63.70
	2	62.90	63.58	63.67	63.38
	3	62.64	63.43	62.75	62.94
	4	63.00	63.29	62.85	63.05
AC-13 (15%)	1	63.65	63.36	63.45	63.49
	2	63.25	63.58	63.59	63.47
	3	63.56	63.48	63.59	63.54
	4	63.46	63.98	63.47	63.64
AC-13 (20%)	1	62.22	62.94	62.65	62.60
	2	62.37	62.29	63.36	62.67
	3	64.00	62.7	62.59	63.10
	4	62.57	62.48	62.63	62.56

表 5-2　　　　　不同 RAP 料掺量下 AC-10 冻融后试件高度

混合料类型	试件编号	高度一	高度二	高度三	平均值
AC-10 (0%)	1	64.28	64.24	64.30	64.27
	2	63.96	63.93	63.94	63.94
	3	64.08	64.03	64.10	64.07
	4	64.18	64.12	64.15	64.15
AC-10 (10%)	1	63.75	63.74	63.76	63.75
	2	64.21	64.29	64.26	64.25
	3	64.50	64.47	64.54	64.50
	4	64.80	64.81	64.80	64.80

续表

混合料类型	试件编号	高度一	高度二	高度三	平均值
AC-10 (15%)	1	63.59	63.59	63.98	63.72
	2	63.45	63.78	63.78	63.67
	3	63.25	63.59	63.98	63.61
	4	63.48	63.54	63.47	63.50
AC-10 (20%)	1	64.25	64.27	64.21	64.24
	2	64.17	65.12	64.95	64.75
	3	64.55	64.59	64.57	64.57
	4	63.42	63.40	63.87	63.56
AC-13 (0%)	1	64.94	64.47	64.39	64.60
	2	65.07	65.05	65.08	65.07
	3	63.97	63.40	63.41	63.59
	4	64.95	64.94	64.91	64.93
AC-13 (10%)	1	64.28	64.32	64.31	64.30
	2	63.57	63.72	63.44	63.58
	3	64.80	64.71	64.75	64.75
	4	63.88	63.87	63.89	63.88
AC-13 (15%)	1	63.58	63.59	63.56	63.58
	2	63.89	63.54	63.45	63.63
	3	63.54	63.21	63.25	63.33
	4	63.21	63.54	63.54	63.43
AC-13 (20%)	1	64.39	64.42	64.47	64.43
	2	64.87	64.79	64.68	64.78
	3	64.35	64.30	64.31	64.32
	4	63.85	63.80	63.86	63.84

(3) 将试件随机分成两组，每组不少于4个，将第一组试件置于平台上，在室温下保存备用，按照规程测定试件的密度、空隙率等各项物理指标。

(4) 将第二组试件按 JTG E20—2011《公路工程沥青及沥青混合料试验规程》中的 T0717—1993 沥青混合料饱水率试验 T0717 标准的饱水试验方法真空饱水，在 98.3～98.7kPa（730～740mmHg）真空条件下保持 15min，然后打开阀门，恢复常压，试件在水中放置 0.5h。

(5) 取出试件放入塑料袋中，加入约 10mL 的水，扎紧袋口，将试件放入恒温冰箱（或家用冰箱的冷冻室），冷冻温度为 $-18℃±2℃$，保持 $16h±1h$。试件冷冻过程见图 5-8。

(6) 将试件取出后，立即放入保温为 $60℃±0.5℃$ 的恒温水槽中，撤去塑料袋，保温 24h，即水浴，如图 5-9 所示。

(7) 将第一组与第二组全部试件浸入温度为 $25℃±0.5℃$ 的恒温水槽中不少于 2h，水温高时可适当加入冷水或冰块调节，保温时试件之间的距离不少于 10mm。

(8) 取出试件，然后按规程 T0716 用 50mm/min 的加载速率进行劈裂试验，得到试验的最大荷载。

图 5-8　试件冷冻过程

(a)照片1　　　　　　　　　　　(b)照片2

图 5-9　水浴照片

5.3　试验结果和分析

5.3.1　冻融劈裂试验

各试件的劈裂抗拉强度和冻融劈裂抗拉强度比试验结果见表 5-3～表 5-5。

表 5-3　　　　　　　　　　　　冻融劈裂强度比（新宾）

混合料 类型	冻融后				冻融前				冻融强度比	
	荷载/N	劈裂强度/ MPa	平均抗拉 强度/MPa		荷载/N	劈裂强度/ MPa	平均抗拉 强度/MPa		TSR	平均值
AC-10 （0%）	13920	1.385	1.383		17010	1.66	1.58		83.23	87.61
	13540	1.361			15770	1.55			87.75	
	14130	1.394			16050	1.58			88.51	
	13920	1.392			15620	1.53			90.92	
AC-10 （10%）	13920	1.393	1.45		19540	1.93	1.83		72.29	79.15
	14700	1.461			18600	1.82			80.28	
	14840	1.487			18540	1.81			82.29	
	14590	1.457			18370	1.78			81.76	

续表

混合料类型	冻融后			冻融前			冻融强度比	
	荷载/N	劈裂强度/MPa	平均抗拉强度/MPa	荷载/N	劈裂强度/MPa	平均抗拉强度/MPa	TSR	平均值
AC-10 (15%)	14570	1.441	1.436	18910	1.87	1.85	77.22	77.62
	14520	1.437		18920	1.87		76.93	
	14390	1.425		18950	1.87		76.08	
	14550	1.439		18110	1.79		80.26	
AC-10 (20%)	14120	1.415	1.461	17870	1.75	1.92	80.91	76.23
	13820	1.371		18410	1.79		76.68	
	15060	1.491		20370	1.98		75.19	
	15710	1.565		21930	2.17		72.15	
AC-13 (0%)	11910	1.192	1.214	13700	1.37	1.45	86.72	83.96
	12120	1.202		14200	1.41		85.19	
	12370	1.218		15330	1.53		79.54	
	12480	1.243		14810	1.47		84.42	
AC-13 (10%)	12630	1.247	1.315	16370	1.63	1.68	76.392	78.15
	13280	1.317		17080	1.71		77.425	
	13140	1.313		16630	1.66		79.001	
	13870	1.383		17350	1.73		79.760	
AC-13 (15%)	13980	1.384	1.386	17880	1.78	1.81	77.735	76.93
	13970	1.384		17920	1.78		77.745	
	13990	1.384		18150	1.81		76.369	
	14100	1.393		18420	1.84		75.871	
AC-13 (20%)	14200	1.426	1.457	18530	1.85	1.92	77.007	75.98
	14520	1.457		19430	1.94		75.231	
	14310	1.426		19020	1.90		75.264	
	15100	1.517		19970	1.99		76.411	

选取新宾拌和站作为具体分析，图 5-10 为不同 RAP 料掺量下 AC-10 和 AC-13 的冻融劈裂强度比的对比图。

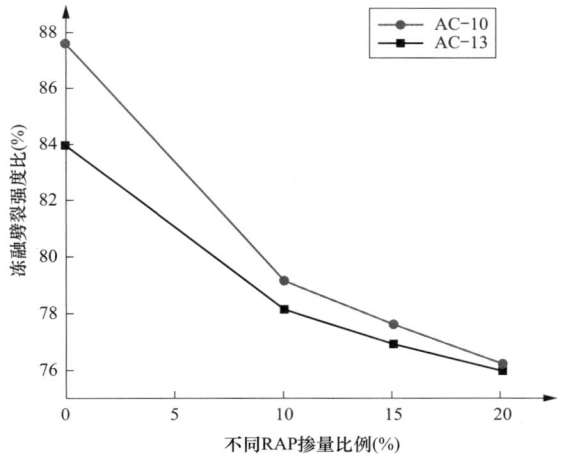

图 5-10 不同 RAP 料掺量下的冻融劈裂强度比

在图 5-10 中可以发现，随着 RAP 料掺量的增加，其冻融劈裂强度比随之减小。在不加有 RAP 料的情况下，其冻融水稳定性最好。由于 AC-10 的细集料的比例较多，所以 AC-10

的冻融劈裂强度比高于 AC-13 的。取料于中心和清源拌和站的混合料也体现了这种规律，见表 5-4 和表 5-5。

表 5-4　　　　　　　　　　　　冻融劈裂强度比（中心）

混合料类型	冻融后 荷载/N	劈裂强度/MPa	平均抗拉强度/MPa	冻融前 荷载/N	劈裂强度/MPa	平均抗拉强度/MPa	冻融强度比 TSR	平均值
AC-10 (0%)	13900	1.382	1.39	17040	1.669	1.59	82.804	87.45
	13510	1.356		15790	1.554		87.259	
	14160	1.399		16070	1.578		88.657	
	13980	1.401		15670	1.538		91.092	
AC-10 (10%)	13950	1.395	1.46	19540	1.923	1.84	72.543	79.23
	14760	1.468		18660	1.828		80.306	
	14880	1.49		18580	1.81		82.320	
	14600	1.459		18390	1.785		81.737	
AC-10 (15%)	14590	1.45	1.45	18960	1.869	1.85	77.582	78.44
	14580	1.49		18970	1.872		79.594	
	14420	1.43		18960	1.876		76.226	
	14590	1.445		18150	1.798		80.367	
AC-10 (20%)	14180	1.467	1.48	17870	1.751	1.93	83.781	77.18
	13890	1.382		18460	1.792		77.121	
	15080	1.499		20390	1.983		75.593	
	15750	1.569		21990	2.172		72.238	
AC-13 (0%)	11950	1.198	1.22	13540	1.319	1.51	90.826	81.33
	12170	1.209		14650	1.416		85.381	
	12390	1.22		16580	1.639		74.436	
	12500	1.248		17270	1.671		74.686	
AC-13 (10%)	12680	1.25	1.32	15790	1.564	1.66	79.921	79.73
	13300	1.337		17170	1.712		77.733	
	13180	1.32		16460	1.631		80.919	
	13890	1.386		17370	1.725		80.343	
AC-13 (15%)	13980	1.386	1.39	17490	1.738	1.78	79.763	77.95
	13990	1.389		18060	1.805		76.932	
	13940	1.381		17760	1.769		78.048	
	14160	1.398		18230	1.814		77.061	
AC-13 (20%)	14230	1.429	1.46	18790	1.870	1.93	76.412	75.83
	14560	1.46		19470	1.939		75.307	
	14370	1.43		18860	1.888		75.757	
	15130	1.537		20260	2.027		75.824	

表 5-5　　　　　　　　　　　　冻融劈裂强度比（清原）

混合料类型	冻融后 荷载/N	劈裂强度/MPa	平均抗拉强度/MPa	冻融前 荷载/N	劈裂强度/MPa	平均抗拉强度/MPa	冻融强度比 TSR	平均值
AC-10 (0%)	13800	1.372	1.40	17120	1.699	1.61	80.753	86.97
	13590	1.36		15820	1.574		86.404	
	14220	1.42		16120	1.598		88.861	
	13420	1.431		15690	1.558		91.849	
AC-10 (10%)	14010	1.399	1.47	19580	1.953	1.86	71.633	79.06
	14790	1.472		18690	1.858		79.225	
	14980	1.53		18620	1.842		83.062	
	14680	1.481		18410	1.799		82.324	
AC-10 (15%)	14620	1.51	1.51	18980	1.891	1.86	79.852	80.66
	14620	1.54		18990	1.885		81.698	
	14540	1.49		18940	1.856		80.280	
	14620	1.461		18240	1.808		80.808	
AC-10 (20%)	14840	1.477	1.49	17920	1.761	1.95	83.873	76.66
	13930	1.382		18520	1.841		75.068	
	15180	1.519		20440	1.999		75.988	
	15850	1.579		22090	2.202		71.708	
AC-13 (0%)	11990	1.201	1.25	13620	1.359	1.54	88.374	81.80
	12210	1.219		14680	1.456		83.723	
	12410	1.34		16580	1.649		81.261	
	12580	1.256		17420	1.701		73.839	
AC-13 (10%)	12720	1.268	1.34	15850	1.561	1.71	81.252	79.01
	13390	1.345		17370	1.738		77.422	
	13220	1.36		17090	1.701		79.937	
	13920	1.396		17970	1.803		77.409	
AC-13 (15%)	14050	1.415	1.41	18020	1.802	1.825	78.513	77.50
	14240	1.434		18080	1.795		79.879	
	13960	1.389		18220	1.821		76.298	
	14190	1.418		18850	1.883		75.306	
AC-13 (20%)	14350	1.441	1.48	19210	1.923	1.961	74.922	75.62
	14650	1.474		19370	1.932		76.306	
	14500	1.484		19780	1.974		75.195	
	15250	1.534		20190	2.017		76.053	

5.3.2 残留稳定度试验

取样于三个拌和站各试件的浸水马歇尔残留稳定度试验结果见表 5-6～表 5-8。

表 5-6　　　　　　　　　　　浸水马歇尔试验结果（新宾）

混合料类型	未浸水稳定度/kN 试件编号	稳定度/kN	稳定度平均值/kN	浸水稳定度/kN 试件编号	稳定度/kN	稳定度平均值/kN	残留稳定度/%
AC-10 (0%)	1	8.97	9.4	1	9.11	9.28	95.91
	2	9.98		2	9.27		
	3	9.25		3	9.69		
	4	9.4		4	9.05		
AC-10 (10%)	1	9.47	9.68	1	9.33	9.41	96.82
	2	9.36		2	9.84		
	3	10.11		3	9.21		
	4	9.79		4	9.25		
AC-10 (15%)	1	9.71	9.72	1	9.07	9.35	95.95
	2	9.73		2	9.59		
	3	9.76		3	9.43		
	4	9.69		4	9.31		
AC-10 (20%)	1	9.61	9.74	1	9.21	9.19	94.31
	2	9.77		2	9.12		
	3	9.78		3	9.43		
	4	9.8		4	8.98		
AC-13 (0%)	1	9.3	8.99	1	8.1	8.42	93.66
	2	8.61		2	8.88		
	3	9.94		3	8.17		
	4	8.12		4	8.54		
AC-13 (10%)	1	9.09	9.37	1	8.81	8.81	94.02
	2	9.34		2	8.67		
	3	9.32		3	9.04		
	4	9.71		4	8.71		
AC-13 (15%)	1	9.81	9.87	1	9.21	9.47	95.95
	2	9.85		2	9.53		
	3	9.79		3	9.72		
	4	10.01		4	9.42		
AC-13 (20%)	1	9.51	10.37	1	9.27	9.92	95.66
	2	10.23		2	9.64		
	3	10.64		3	10.42		
	4	11.1		4	10.35		

图 5-11 为不同 RAP 料掺量下 AC-10 和 AC-13 的残留稳定度比值（新宾取料）。

从图中可以发现，随着 RAP 料掺量的增加，残留稳定度变化并不显著，其规律性不强，但是在 RAP 料掺加比例的范围内都能保持稳定。由于 AC-10 的细集料的比例相对较多，所以 AC-10 的残留稳定度比高于 AC-13 的。

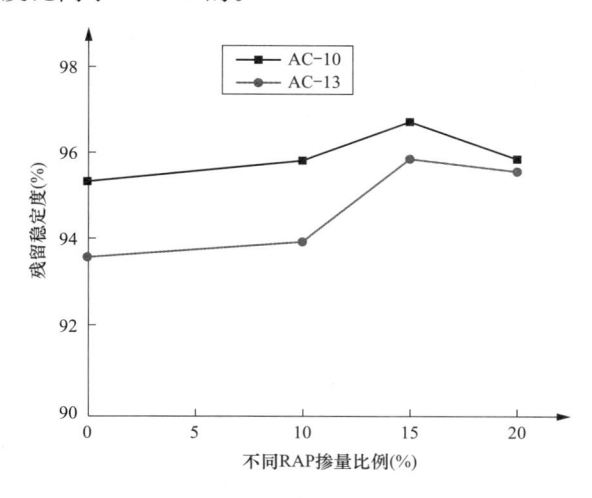

图 5-11　不同 RAP 料掺量下的残留稳定度比值

表 5-7　　　　　　　　　　　浸水马歇尔数据（中心）

混合料类型	未浸水稳定度/kN 试件编号	稳定度/kN	稳定度平均值/kN	浸水稳定度/kN 试件编号	稳定度/kN	稳定度平均值/kN	残留稳定度/%
AC-10 (0%)	1	9.45	9.513	1	8.85	9.145	96.13
	2	9.79		2	8.96		
	3	9.54		3	9.75		
	4	9.27		4	9.02		
AC-10 (10%)	1	9.62	9.820	1	9.84	9.765	99.44
	2	9.37		2	9.25		
	3	10.41		3	10.02		
	4	9.88		4	9.95		
AC-10 (15%)	1	9.81	9.718	1	9.25	9.511	97.87
	2	9.73		2	9.82		
	3	9.81		3	9.31		
	4	9.52		4	9.66		
AC-10 (20%)	1	9.84	9.840	1	10.42	9.76	99.15
	2	9.54		2	9.75		
	3	9.96		3	9.85		
	4	10.02		4	10.58		
AC-13 (0%)	1	9.41	9.17	1	9.25	9.02	98.36
	2	8.87		2	9.02		
	3	9.75		3	9.28		
	4	8.65		4	8.53		
AC-13 (10%)	1	9.42	9.55	1	8.98	9.24	96.72
	2	9.34		2	9.24		
	3	9.54		3	9.47		
	4	9.89		4	9.25		

续表

混合料类型	未浸水稳定度/kN			浸水稳定度/kN			残留稳定度/%
	试件编号	稳定度/kN	稳定度平均值/kN	试件编号	稳定度/kN	稳定度平均值/kN	
AC-13（15%）	1	9.75	9.99	1	9.21	9.49	94.27
	2	9.96		2	8.99		
	3	10.12		3	9.58		
	4	10.13		4	9.89		
AC-13（20%）	1	9.97	10.76	1	8.92	10.04	93.33
	2	10.95		2	10.24		
	3	10.87		3	10.4		
	4	11.23		4	10.59		

表 5-8　　　　　　　　　　　浸水马歇尔数据（清原）

混合料类型	未浸水稳定度/kN			浸水稳定度/kN			残留稳定度/%
	试件编号	稳定度/kN	稳定度平均值/kN	试件编号	稳定度/kN	稳定度平均值/kN	
AC-10（0%）	1	9.58	9.79	1	9.12	9.34	95.45
	2	9.81		2	9.21		
	3	9.87		3	9.81		
	4	9.89		4	9.23		
AC-10（10%）	1	9.98	10.03	1	9.87	9.86	98.33
	2	9.56		2	9.34		
	3	10.54		3	10.21		
	4	10.02		4	10.01		
AC-10（15%）	1	9.91	9.89	1	9.68	9.81	99.15
	2	10.05		2	9.92		
	3	9.81		3	9.84		
	4	9.79		4	9.78		
AC-10（20%）	1	9.84	10.05	1	10.14	10.01	99.69
	2	9.92		2	10.12		
	3	10.12		3	9.98		
	4	10.31		4	9.828		
AC-13（0%）	1	9.65	9.56	1	9.34	9.45	98.87
	2	9.85		2	9.428		
	3	10.07		3	9.78		
	4	8.65		4	9.24		
AC-13（10%）	1	9.58	9.58	1	9.05	9.48	98.90
	2	9.75		2	9.47		
	3	9.71		3	10.21		
	4	9.29		4	9.18		
AC-13（15%）	1	9.75	10.13	1	9.45	9.83	96.99
	2	10.24		2	9.84		
	3	10.32		3	10.12		
	4	10.21		4	9.89		

续表

混合料类型	未浸水稳定度/kN			浸水稳定度/kN			残留稳定度/%
	试件编号	稳定度/kN	稳定度平均值/kN	试件编号	稳定度/kN	稳定度平均值/kN	
AC-13（20%）	1	10.17	10.88	1	9.27	10.38	95.45
	2	10.98		2	10.29		
	3	11.04		3	11.11		
	4	11.31		4	10.85		

5.4　影响低掺量RAP料沥青混合料水稳定性的主要因素

5.4.1　RAP料的变异性

RAP料的性能指标是进行沥青混合料试验的关键。由于RAP料在破碎、铣刨、筛分、运输、使用等流程中产生一定的变异性，致使RAP料中矿料级配不稳定、沥青含量不均匀，进而引起沥青结合料的矿料级配、沥青含量的变动。所以，RAP料掺加的比例以及RAP料的自身物理化学性质，都成为影响沥青混合料水稳定性的关键。

5.4.2　油石比

RAP料里面的集料性能及其中旧的沥青会出现变异情况，RAP料中的旧沥青对结合料的性能影响大。在沥青混合料设计中，沥青一般按有效比例设置。因此，在级配的调整、配合比的确定、油石比的确定、后期路用试验等都要知道具体沥青的比重。

5.4.3　集料性质

酸性并含有较多硅质的矿物有更强的亲水性，对水的作用敏感，并容易剥落，而碱性矿物的抗剥落性能比酸性的更好；骨料化学物质组成、表面积和孔隙率都有会因与水的作用产生影响；矿料洁净度与沥青的黏附性也有一定关系，干净的集料更好一些；集料密度和吸水率也对混合物的水稳定性有影响。

5.4.4　混合料类型

多数分析说明，使用的原材料通过成型后，其孔隙率在8%以下时，即使水进入孔隙时也很难有水压力。在级配的选取时，混合料的结构类型、材料性质、各档粒料的分布情况都很重要。通过AC-10与AC-13两种混合料进行对比，从而分析不同级配类型下的水稳定性。

5.5　低掺量RAP料的沥青混合料水稳定性能影响因素分析

在沥青混合料水稳定性试验中，通过上述试验数据，发现冻融劈裂实验更能直观体现水稳定性的状况，而残留稳定度表现不是很明显。所以，横向分析不同RAP料掺量沥青混合料对冻融性能的影响，纵向对比AC-10与AC-13在同一RAP料掺量下对冻融劈裂强度的影响，通过冻融前后劈裂强度比的变化来评定低掺量RAP料沥青混合料水稳定性能。

5.5.1 RAP料掺量对冻融强度影响

考虑到路用后集料被老化沥青包裹，吸油能力下降。RAP料含量增加，使低掺量RAP料沥青混合料总体的油石比不断增加。由于RAP料中旧沥青与新沥青的不完全结合与交融作用，其水稳定性能略低于新集料。但混合料中老化的沥青硬度较大，破坏强度没有新沥青混合料的大，随着RAP料掺量增加，冻融劈裂强度在一定范围内可以提升。试验中不同RAP料掺量混合料在最佳油石比下的水稳定性能满足《公路沥青路面设计规范》（JTG D50—2017）要求。

5.5.2 细集料所占比例对冻融强度影响

矿料中细集料往往能够与沥青产生正相关的关系。细集料的增加，会导致沥青含量的增加，沥青在集料中总体含量的改变，能够影响沥青混合料的抗冻性能。在研究不同低掺量RAP料的冻融性能时，RAP料的最大粒径为13.2mm，随着RAP料的掺量不同，混合料的级配也随之发生改变。因此，可以通过对混合料中细集料部分进行明确划分来研究不同细集料粒径含量对冻融强度的影响。

5.5.3 RAP料掺量与冻融劈裂强度比的关系

在第三、四章中，分别对加热的RAP料以及未加热的RAP料的强度比进行了描绘，所以进一步通过OriginPro9.0软件进行曲线拟合分析，分析RAP料掺量与劈裂强度比的关系，对主要的RAP料影响因素建立预测分析，进而使得拟合的结果更加精确。并且，通过对劈裂强度比进行二次曲线拟合来分析强度变化规律。先对加热RAP料的沥青混合料进行曲线拟合，拟合结果如图5-12所示。

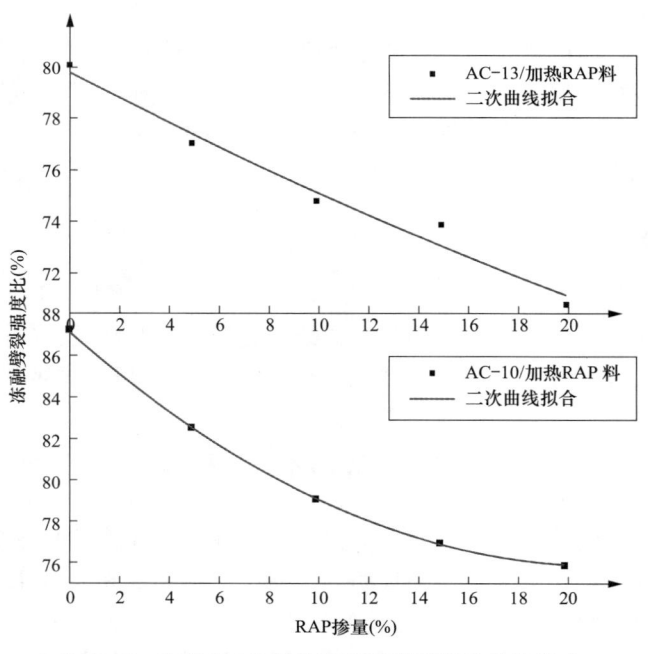

图5-12 加热RAP料的冻融劈裂强度比曲线拟合

而对于 AC-13 加热的 RAP 料的二次曲线拟合，其拟合误差 $r^2=0.955$，拟合的多项式为：$y=79.892-0.506x-0.004x^2$。拟合情况偏线性变化。图 5-12 中对于 AC-10 加热的 RAP 料进行拟合，其拟合误差 $r^2=0.999$，拟合后的公式为：$y=87.325-1.049x+0.024x^2$，拟合的曲线与实际非常接近。从中可以看出，对于 AC-10 沥青混合料有着更好的拟合效果。对于加热 RAP 料的沥青混合料，劈裂强度比的下降趋势可以近似看为直线，二次项式拟合结果为偏线性变化。

同时，对未加热 RAP 料的沥青混合料也进行了曲线拟合分析，拟合劈裂强度与 RAP 料掺量之间的变化关系，其分析结果如图 5-13 所示。

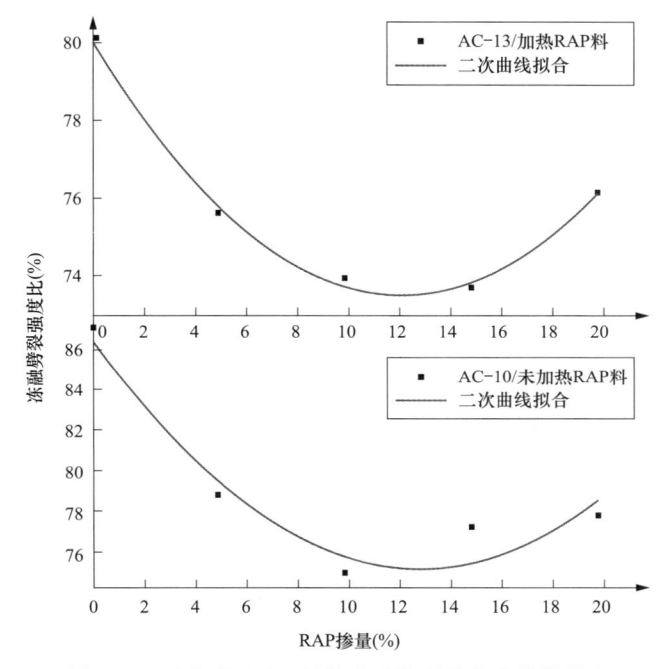

图 5-13　未加热 RAP 料的冻融劈裂强度比曲线拟合

对于 AC-10 和 AC-13 两种混合料，在加入未加热 RAP 料的冻融劈裂强度比变化如图 5-13 所示。AC-13 的曲线拟合公式为：$y=80.083-1.076x+0.044x^2$，拟合误差 $r^2=0.992$；而对于 AC-10 的曲线拟合公式为：$y=86.86-1.734x+0.067x^2$，拟合误差 $r^2=0.883$。从两条拟合后的二次曲线中，可看出未加热的 RAP 料的沥青混合料，其劈裂强度比有先下降后略微上升的趋势，但总体的劈裂强度比均低于新集料的沥青混合料。用二次曲线拟合较为精确，在掺量为 15%～20%时有轻微上升趋势，试验过程中也验证了这一趋势。

RAP 料在加热的过程中，原有的旧集料沥青受热后融化，进而黏附住旧料中的细料部分，使得在与新料的拌和过程中 RAP 料不会产生太多细料。而未加热的 RAP 料中，由于长期的荷载以及紫外线影响，旧料变得更为脆硬。不加热情况下，旧沥青不会形成裹附，在搅拌的过程中 RAP 料会分解破碎成更多的细料，从而可充分填充混合料的空隙，使得在 RAP 料掺量为 20% 时，劈裂强度比有上升的趋势。所以掺有加热 RAP 料的沥青混合料，RAP 料掺量变化与劈裂强度比之间主要呈现线性关系，随着 RAP 料的增加，冻融劈裂强度比不断下降。未加热 RAP 料的沥青混合料变化主要呈二次曲线变化，随着 RAP 料掺量的增加，劈裂强度比呈现先降低、后有略微升高的趋势。但是 RAP 料含量增加大于 20% 以后，因为旧料含量过多，旧料的强度远远低于新集料，致使 TSR 还会不断下降，这里主要探讨低掺量 RAP 料下的变化情况，因此对 RAP 料掺量高于 20% 部分不做过多分析。

5.6 冻融劈裂强度比与多个影响因素之间的多元线性分析

5.6.1 混合料的级配划分

AC-10 和 AC-13 混合料与 RAP 料混合后的级配会发生改变。RAP 料在搅拌过程中往往产生很多细集料，所以不同级配类型对水稳定性产生很大的影响，细集料能够提升水稳定性的强度。一般而言，多数以 4.75mm 作为粗、细集料的划分界限。为了能更客观地研究细集料对水稳定性的影响，在对集料粒径划分的过程中，对混合料的粒径划分为四档，其中，一档集料取粗集料，即混合料粒径大于 4.75mm 的，另外三档粒径的大小取 4.75mm 以下的。虽然未加热的 RAP 料中细集料多一些，但是整体矿料所占比例与加热的 RAP 料很相近。在实际应用中，多数旧料都采用加热方式拌和。低掺量 RAP 料的混合料，其合成级配以表 5-9 进行具体划分。

表 5-9 不同混合料级配设计表

集料类型	RAP料掺量	方孔筛（mm）通过的百分率/%									
		16	13.2	9.5	4.75	2.36	1.18	0.6	0.3	0.15	0.075
AC-10	0%	100	100	99.4	70.2	36.9	20.7	13.4	9.3	7.6	6.4
	10%	100	99.6	97.2	64.8	32.8	19.5	13.5	9.9	8.4	7.3
	15%	100	99.4	96.1	63.8	33.9	20.2	13.7	9.6	7.9	6.7
	20%	100	99.2	95.0	63.1	33.9	20.5	14.1	9.9	8.1	6.9
AC-13	0%	100	96.7	73.4	52.5	26.7	15.3	10.6	8.2	7.2	6.5
	10%	100	96.9	76.0	53.7	27.4	15.9	11.0	8.7	6.8	6.0
	15%	100	96.7	74.1	50.2	26.9	16.2	11.4	8.3	7.0	6.2
	20%	100	96.8	75.8	51.2	27.5	16.9	12.0	8.7	7.3	6.4

表 5-9 为混合料通过筛孔的百分率，不同档料的粒径很多，将其按照粗细划分，主要对其细料粒径进行划分，分为 ≥4.75、4.75～1.18、1.18～0.3、≤0.3 四档不同类型，并且分别用矿料 1～4 来表示。随后，对沥青混合料的空隙率、混合料的粒径、沥青含量、TSR 平均值进行统计，结果见表 5-10。

表 5-10 不同混合料的影响因素指标

混合料类型	TSR均值	空隙率/%	油石比/%	矿料1/%	矿料2/%	矿料3/%	矿料4/%
AC-10(0%)	87.61	3.91	4.9	29.8	49.5	11.4	9.3
AC-10(10%)	79.14	5.3	4.8	35.2	45.3	9.6	9.9
AC-10(15%)	77.61	5.15	4.65	36.2	43.6	10.6	9.6
AC-10(20%)	76.25	5.5	4.4	36.9	42.6	10.6	9.9
AC-13(0%)	81.26	5.04	4.8	47.5	37.2	7.1	8.2
AC-13(10%)	75.34	4.35	4.7	46.3	37.8	7.9	8
AC-13(15%)	73.94	4.2	4.5	49.8	34	7.9	8.3
AC-13(20%)	70.9	4.1	4.2	48.8	34.3	8.2	8.7

AC-10 和 AC-13 两种不同混合料的粒径、RAP 料所掺加的比例、混合料的级配、沥青混合料的油石比、成型后的试件中每一个试件的空隙率和毛体积相对密度等都是冻融劈裂强度比影响因素。对于 AC-10 和 AC-13 而言，混合料种类不同，但对其劈裂强度比多数为细集料所引起，可以通过粒径大小进行细致划分，将细集料部分多分出几档，以消除种类的差异。从上表可以看出，划分后的细集料的离散程度已经很小。下面将进一步引入 IBM 公司

的统计产品与服务解决方案软件进行多元逐步回归来研究影响因素,并且建立回归方程。

5.6.2 SPSS 简介

社会科学统计软件(Statistical Package For Social Science,SPSS)是统计分析软件之一。该软件理论上严谨、数值分析功能齐全,在中国越来越受欢迎。SPSS 具有数据管理、数据分析、图表生成等主要功能。SPSS 统计过程轻松实现从抽样、统计、描述到复杂建模的过程,以发现影响因素的整个分析过程。

5.6.3 多元回归模型的理论基础

多元回归分析法是解决多个关系之间的重要方法,即通过反复计算找到回归函数,对目标函数与自变量进行分析。

多元线性分析的模型为:

$$\begin{cases} y_i = \beta_0 + \beta_1 x_{i1} + \cdots + \beta_m x_m + \varepsilon \\ \varepsilon_i \sim N(0, \sigma^2) \end{cases} \quad (5-5)$$

式中 β_0,β_1,$\cdots$,β_m,σ^2 都是与 x_1,x_2,x_3,$\cdots$,x_m 无关的未知数,其中 β_0,β_1,$\cdots$,β_m 为回归系数。

现得到 n 个独立观测数据 $(y_i, x_{i1}, \cdots, x_{im})$,$i=1,\cdots,n$,$n>m$,由式(5-5)得:

$$\begin{cases} y_i = \beta_0 + \beta_1 x_{i1} + \cdots + \beta_m x_m + \varepsilon_i \\ \varepsilon_i \sim N(0, \sigma^2), i = 1, \cdots, n \end{cases} \quad (5-6)$$

利用矩阵运算,可表示为:

$$\begin{bmatrix} y_1 \\ y_2 \\ \vdots \\ y_n \end{bmatrix} = \begin{bmatrix} 1 & x_{11} & x_{2m} \\ 1 & x_{12} & x_{2m} \\ \vdots & \vdots & \vdots \\ 1 & x_{n1} & x_{nm} \end{bmatrix} \begin{bmatrix} \beta_1 \\ \beta_2 \\ \vdots \\ \beta_m \end{bmatrix} + \begin{bmatrix} \varepsilon_1 \\ \varepsilon_2 \\ \vdots \\ \varepsilon_n \end{bmatrix} \quad (5-7)$$

记 $\boldsymbol{Y} = \begin{bmatrix} y_1 \\ y_2 \\ \vdots \\ y_n \end{bmatrix}$, $\boldsymbol{X} = \begin{bmatrix} 1 & x_{11} & x_{2m} \\ 1 & x_{12} & x_{2m} \\ \vdots & \vdots & \vdots \\ 1 & x_{n2} & x_{nm} \end{bmatrix}$, $\boldsymbol{\beta} = \begin{bmatrix} \beta_1 \\ \beta_2 \\ \vdots \\ \beta_m \end{bmatrix}$, $\boldsymbol{\varepsilon} = \begin{bmatrix} \varepsilon_1 \\ \varepsilon_2 \\ \vdots \\ \varepsilon_n \end{bmatrix}$

所以在该组样本下,总体回归模型由矩阵可以表示为:

$$\begin{cases} \boldsymbol{Y} = \boldsymbol{X\beta} + \boldsymbol{\varepsilon} \\ \boldsymbol{\varepsilon} \sim N(0, \sigma^2 E_n) \end{cases} \quad (5-8)$$

其中,E_n 为 n 阶单位矩阵。

5.6.4 参数估计

模型中的参数 $\beta_0, \beta_1, \cdots, \beta_m$ 仍然用最小二乘法来估计,应该选取估值 $\hat{\beta}_j$,使当 $\beta_j = \hat{\beta}_j$ 时,$j=0,1,2,\cdots,m$ 时,按式(5-9)计算的误差平方和达到最小。

$$Q = \sum_{i=1}^n \varepsilon_i^2 = \sum_{i=1}^n (y_i - \beta_0 - \beta_1 x_{i1} - \cdots - \beta_m x_{im})^2 \quad (5-9)$$

令:

$$\frac{\partial Q}{\partial \beta_j} = 0, j = 0,1,2,\cdots,n$$

得：

$$\begin{cases} \frac{\partial Q}{\partial \beta_0} = -2\sum_{i=1}^{n}(y_i - \beta_0 - \beta_1 x_{i1} - \cdots - \beta_m x_{im}) = 0 \\ \frac{\partial Q}{\partial \beta_j} = -2\sum_{i=1}^{n}(y_i - \beta_0 - \beta_1 x_{i1} - \cdots - \beta_m x_{im})x_{ij} = 0, j = 1,2,\cdots,m \end{cases} \quad (5\text{-}10)$$

整理得到正规方程组为：

$$\begin{cases} \beta_0 n + \beta_1 \sum_{i=1}^{n} x_{i1} + \beta_2 \sum_{i=1}^{n} x_{i2} + \cdots + \beta_m \sum_{i=1}^{m} x_{im} = \sum_{i=1}^{n} y_i \\ \beta_0 \sum_{i=1}^{n} x_{i1} + \beta_1 \sum_{i=1}^{n} x_{i1}^2 + \beta_2 \sum_{i=1}^{n} x_{i1} x_{i2} + \cdots + \beta_m \sum_{i=1}^{m} x_{i1} x_{im} = \sum_{i=1}^{n} x_{i1} y_i \\ \beta_0 \sum_{i=1}^{n} x_{im} + \beta_1 \sum_{i=1}^{n} x_{im} x_{i1} + \beta_2 \sum_{i=1}^{n} x_{im} x_{i2} + \cdots + \beta_m \sum_{i=1}^{m} x_{im}^2 = \sum_{i=1}^{n} x_{im} y_i \end{cases} \quad (5\text{-}11)$$

正规方程组的矩阵形式为：

$$\boldsymbol{X}^\mathrm{T}\boldsymbol{X}\boldsymbol{\beta} = \boldsymbol{X}^\mathrm{T}\boldsymbol{Y} \quad (5\text{-}12)$$

当矩阵 $\boldsymbol{X}$ 列满秩时，$\boldsymbol{X}^\mathrm{T}\boldsymbol{X}$ 为逆矩阵，式 5-12 的解为：

$$\hat{\boldsymbol{\beta}} = (\boldsymbol{X}^\mathrm{T}\boldsymbol{X})^{-1}\boldsymbol{X}^\mathrm{T}\boldsymbol{Y} \quad (5\text{-}13)$$

将 $\hat{\boldsymbol{\beta}}$ 代回原模型得到 y 的估值：

$$\hat{y} = \hat{\beta}_0 + \hat{\beta}_1 x_1 + \cdots + \hat{\beta}_m x_m \quad (5\text{-}14)$$

上述结果的拟合值为 $\hat{\boldsymbol{Y}} = \boldsymbol{X}\hat{\boldsymbol{\beta}}$，$e = \boldsymbol{Y} - \hat{\boldsymbol{Y}}$ 称为残差，可作为误差 $\boldsymbol{\varepsilon}$ 的估值，而

$$Q = \sum_{i=1}^{n} e_i^2 = \sum_{i=1}^{n}(y_i - \hat{y_i})^2 \quad (5\text{-}15)$$

为残差平方和，即为 $Q(\hat{\beta})$。

通过逐步回归再分析是防止多重共线性的有效途径之一。加入一个独立的变量之后，在该模型中所有变量重新分析和比较，以及一个无关的自变量被进一步消除。如果添加后，前面的参数对模型没有显著的贡献，则它被删除。此方法准确且灵活性高。对样本的回归如见表 5-11。

表 5-11　　　　多元线性回归分析结果（逐步筛选策略）

回归模型	回归系数 B	统计量 t	Sig.	置信区间（下限）	置信区间（上限）	共线性统计量 容差	VIF
（常量）	72.047	2.967	0.207	−236.489	380.583	—	—
矿料 2	−0.363	−0.751	0.045	−6.501	5.776	0.018	56.379
RAP 料	−0.723	−5.269	0.106	−2.467	1.021	0.109	9.174
矿料 3	2.388	2.225	0.029	−11.249	16.025	0.044	22.703
空隙率	0.597	0.574	0.368	−12.615	13.810	0.311	3.220
油石比	−1.174	−0.211	0.047	−71.733	69.385	0.075	13.382
矿料 4	1.034	0.547	0.081	−22.982	25.050	0.059	17.062

5.6.5　回归结果分析

在 SPSS 多元逐步分析中，发现矿料 1 所占的影响成分很少，所以对该因素进行剔除。

第 5 章 低掺量 RAP 料热拌沥青混合料水稳定性能试验研究

选取冻融劈裂强度比作为因变量 y，对其余自变量中，可令矿料 2 为 x_1，矿料 3 为 x_2，矿料 4 为 x_3，空隙率为 x_4，油石比为 x_5，RAP 料掺量为 x_6。在置信区间为 95% 的水平，进行为标准化预测，选取的 $R^2=0.995$。其多元回归公式为：

$$y = 72.047 - 0.363x_1 + 2.388x_2 + 1.034x_3 + 0.597x_4 - 1.174x_5 - 0.723x_6$$

上述公式反映各不同影响因素与因变量的一个线性变化，R^2 变化非常接近 1，使得该回归拟合度较高。公式中矿料 3 和矿料 4 对劈裂强度比有着较大的权重影响，呈正相关，表明细料可以促进水稳定性；而 RAP 料与油石比呈负相关，表明其对促进水稳定性的影响不明显。图 5-14 为通过对共线性进行诊断后，所得到的回归标准化残差图。

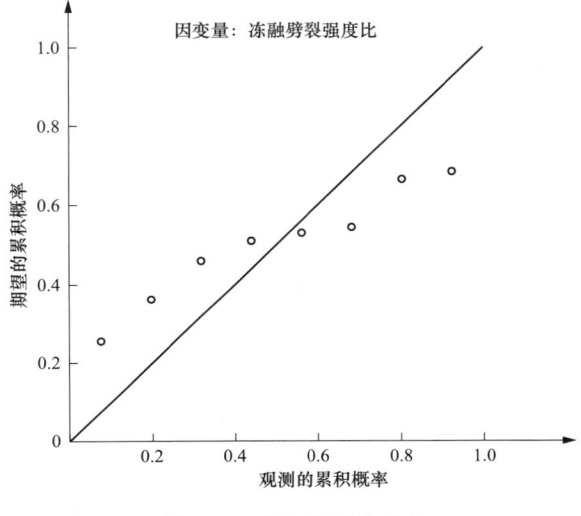

图 5-14　回归标准化残差

图 5-15 所示为各个因素的影响对劈裂强度比的累积概率的观测，对回归标准进行检测，表明 RAP 料掺量的变化回归性较强。通过因变量对其进行回归，以回归劈裂强度比与 RAP 料掺量之间的变化为例，通过一次多元线性公式与观测的点进行匹配。

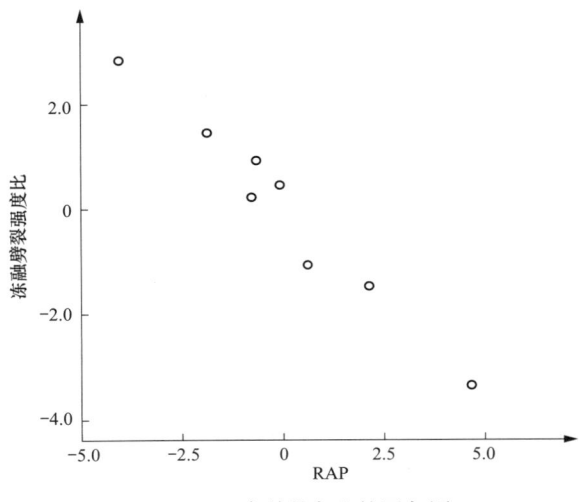

图 5-15　劈裂强度比的回归图

从图 5-15 中可以看出：在对冻融劈裂强度比的回归分析中，标准偏差为 0.378，且其满足正态分布的曲线要求。所建立的线性方程与实际的实验值近似，符合线性规律，从而验证了变量之间建立线性关系的可行性，用该公式能大体反映劈裂强度比随 RAP 料掺量的变化过程。

5.7 各个影响因素之间关系

在上述的多元逐步回归中，线性公式表达了多个因素之间对劈裂强度比的一个关系，但是并不能从各个系数直接来反映每个因素对劈裂强度比所占的权重影响。因为多种因素之间相互依赖，需要测试其相关性，才能解析出各因素之间进一步的关系。

通过对相关性进行分析，得到的相关系数，描述线性关系的程度以及方向统计量，用 r 来表示。通常，$r=0$ 表示线性无关；$|r|>0.95$ 表示存在显著的相关性；$0.95 \geqslant |r| > 0.8$ 表示高度相关；$0.8 \geqslant |r| > 0.5$ 表示中度相关；$0.5 \geqslant |r| > 0.3$ 表示低度相关；$|r| \leqslant 0.3$ 表示极弱相关。通过 Spearman 和 Kendal 相关系数，对分类变量、连续变量的数据排序，并计算它们之间的相关系数。

5.7.1 配对样本 T 检验

配成对样本来自同源样本的两个试验组，在不同条件下测试所获得的数据。通过对多个因素两两分析比对，来求得具体的相关系数。双配对样本 t 检验是基于样本数据的推论，其他配对样本来自的两对平均值之间，来表征是否存在显著的差异。表 5-12 为配对的样本相关系数。

表 5-12　　　　　　　　　　配对样本相关系数

配对变量	N	相关系数	Sig.
RAP 料掺量 & 矿料 1	8	0.239	0.088
RAP 料掺量 & 矿料 2	8	−0.375	0.051
RAP 料掺量 & 矿料 3	8	0.044	0.048
RAP 料掺量 & 矿料 4	8	0.245	0.043
RAP 料掺量 & 空隙率	8	0.185	0.242
RAP 料掺量 & 油石比	8	−0.876	0.004
油石比 & 矿料 1	8	−0.489	0.219
油石比 & 矿料 2	8	0.608	0.110
油石比 & 矿料 3	8	0.196	0.015
油石比 & 矿料 4	8	0.040	0.045
空隙率 & 矿料 3	8	0.180	0.069
空隙率 & 矿料 4	8	0.561	0.048
空隙率 & 矿料 2	8	0.234	0.277
空隙率 & 矿料 1	8	−0.266	0.524
空隙率 & 油石比	8	0.068	0.873
矿料 1 & 矿料 2	8	−0.988	0.000
矿料 1 & 矿料 3	8	−0.932	0.501
矿料 1 & 矿料 4	8	−0.817	0.413
矿料 2 & 矿料 3	8	0.873	0.205
矿料 2 & 矿料 4	8	0.738	0.136
矿料 3 & 矿料 4	8	0.839	0.309

上表为配对样本检测的最终结果，其中 N 代表自由度，其数值为 8，在相关系数中，RAP 料掺量和油石比存在很大的负相关关系，粗集料与细集料之间相关性为负，而细集料

之间存在较大的正相关关系。同时，发现 RAP 料掺量与矿料 3 的显著性为 0.048，小于 0.05，表示显著，同样油石比与矿料 4 的显著性为 0.045，而对于各档矿料之间的显著性却不明显。

5.7.2 多个影响因素之间的偏相关性检验

在许多变量作用下使得相互关系复杂。两个变量简单相关系数解释相对单一，难以准确地表示变量之间的关系。其余变量被删除时，才可计算相关系数来描述它们之间的相关性。

RAP 料在拌和过程中发生破碎，粗细集料比例发生了变化，所以为了排出 RAP 料对级配的影响，采取了偏相关性检验。也同时对 RAP 料掺量为 0% 进行了检验。表 5-13 为偏相关性检验的结果。

表 5-13　　　　　　　　　偏相关性检验结果

类型	变量	空隙率	矿料 1	矿料 2	矿料 3	矿料 4	油石比
相关性	空隙率	1.000	−0.325	0.333	0.175	0.541	0.484
	矿料 1	−0.325	1.000	−0.998	−0.972	−0.930	−0.597
	矿料 2	0.333	−0.998	1.000	0.960	0.924	0.626
	矿料 3	0.175	−0.972	0.960	1.000	0.855	0.487
	矿料 4	0.541	−0.930	0.924	0.855	1.000	0.545
	油石比	0.484	−0.597	0.626	0.487	0.545	1.000
Sig（双侧）	空隙率	—	0.477	0.466	0.707	0.209	0.271
	矿料 1	0.477	—	0.000	0.000	0.002	0.157
	矿料 2	0.466	0.000	—	0.001	0.003	0.133
	矿料 3	0.707	0.000	0.001	—	0.014	0.267
	矿料 4	0.209	0.002	0.003	0.014	—	0.206
	油石比	0.271	0.157	0.133	0.267	0.206	—

注　Sig 代表显著性。

将偏相关性的检验与常规的相关性检验进行对比，发现油石比与细集料的相关系数升高，对矿料 3 的相关系数为 0.487；矿料 4 的相关系数升高到 0.545，随之显著性地发生了降低的趋势，对矿料 4 的显著性为 0.206，对空隙率降低至 0.271，而其余变量之间的变化不是很明显。以上可以表明，对于油石比相关性所产生的影响，一方面是 RAP 料加入对调和沥青的改变；另一方面是 RAP 料加入对细集料的分布发生改变。

5.8　因子分析法

由于受许多因素的共同影响，很难在视觉上看到每个因素（变量）的影响比例。利用几个具有代表性的因子来描述多个变量之间的内在联络，将相同本质的变量归入一个因子，用这样的几个因子来表征变量的多数信息，可以减少变量的数目，达到降低维数的目的。

因子分析法是从研究变量内部相关的依赖关系出发，把一些具有错综复杂关系的变量归结为少数几个综合因子的一种多变量统计分析方法。它的基本思想是将观测变量进行分类，将相关性较高的，即联系比较紧密的分在同一类中，而不同类变量之间的相关性则较低，那么每一类变量实际上就代表了一个基本结构，即公共因子。对于所研究的问题，就是试图用最少个数的不可测的所谓公共因子的线性函数与特殊因子之和来描述原来观测的每一变量。

5.8.1 主成分法求解因子载荷阵

在因子分析前需要进行适用性检验。KMO 检验是 Kaiser，Meyer 和 Olkin 提出的抽样适合性检验，用于对原始变量之间的相关系数和偏相关系数的相对大小进行检验。KMO 测度值是用于比较变量间简单相关系数和偏相关系数的指标，依其数值判断原始变量是否适合作为因子分析。其数值越接近 1，表明变量间的相关性越强，原有变量越适合作因子分析。通常，当 KMO 值大于 0.5 时，认为原有变量适合进行因子分析。Bartlett 球形检验数值为 547.729，自由度一共为 8 个，达到显著性，表明数据间系数矩阵不是单位矩阵，原始变量间存在相关性，适合进行因子分析。

由原始变量相关性系数矩阵，对特征值提取用主成分分析方法，选取特征值大于 1 的特征根。确定提取的因子数目是两个。因子 1 的特征值为 3.939，方差贡献率为 56.265。因子 2 的特征值为 2.026，方差贡献率为 28.941。两者的累积方差贡献率达到 85.206%，表明这两个因子对原始变量总方差的解释能力是理想的，同时也表明，因子能够反映原始变量的绝大部分信息。表 5-14 为各因子的方差贡献情况，图 5-16 的含有特征值的因子碎石图。

表 5-14 各因子对原始变量总方差的贡献情况

成分	初始特征值 特征根值	初始特征值 方差贡献率/%	初始特征值 累积方差贡献率/%	提取平方和载入 特征根值	提取平方和载入 方差贡献率/%	提取平方和载入 累积方差贡献率/%	旋转平方和载入 特征根值	旋转平方和载入 方差贡献率/%	旋转平方和载入 累积方差贡献率/%
1	3.939	56.265	56.265	3.939	56.265	56.265	3.667	52.385	52.385
2	2.026	28.941	85.206	2.026	28.941	85.206	2.298	32.822	85.206
3	0.893	12.761	97.967	—	—	—	—	—	—
4	0.077	1.105	99.072	—	—	—	—	—	—
5	0.052	0.739	99.811	—	—	—	—	—	—
6	0.013	0.189	100.000	—	—	—	—	—	—
7	0.000	0.000	100.000	—	—	—	—	—	—

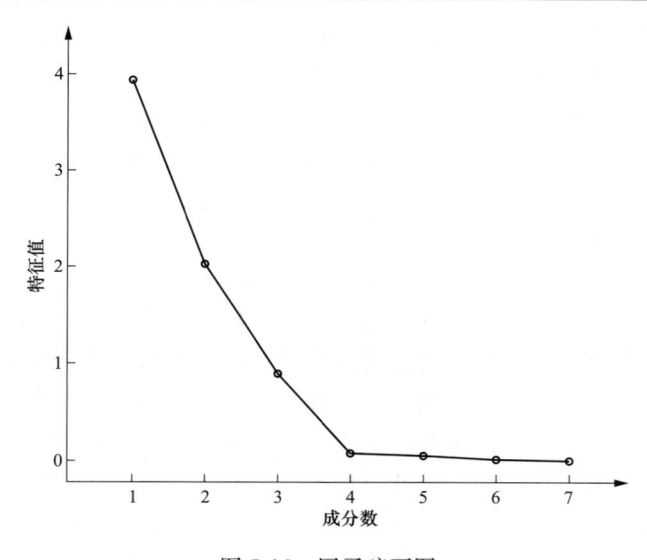

图 5-16 因子碎石图

5.8.2 因子载荷矩阵正交旋转法

最大方差方法用于正交因子载荷矩阵，以使各因子载荷值的总方差达到最大作为对因子载荷矩阵结构进行简化的准则，从而对每个因子给出具有实际意义的合理解释。旋转后，将荷载矩阵的各列的方差的总和达到最大值，按降序的第一因子进行排列顺序，获得旋转后的因子载荷和旋转后的因子载荷图，然后得到旋转前后的主成分系数。

表 5-15 是旋转前后的因子载入矩阵，用 Kaiser 标准化正交旋转法进行荷载矩阵的正交旋转，旋转前后各变量之间的负荷差异不明显。根据各个变量所代表的具体内容，旋转后 x_1，x_2，x_3，x_7 和第一因子的相关系数较大，代表了这矿料级配类型对劈裂强度比影响变化的指标，因为第一因子中矿料级配所占成分很重，所以将第一因子称为级配类型因子。第二因子主要是油石比和 RAP 料为主，其表示着新旧沥青混合后的油石比变化情况，所以称为油石比波动因子，对于旋转后的 x_5，x_6 和第二因子相关系数较大，也更明显地描述了油石比与 RAP 料对劈裂强度比变化的具体情况。

表 5-15　　　　　　　　旋转前后的因子荷载矩阵

类型	旋转前因子矩阵 成分 1	旋转前因子矩阵 成分 2	旋转后因子矩阵 成分 1	旋转后因子矩阵 成分 2	成分得分系数矩阵 成分 1	成分得分系数矩阵 成分 2
空隙率	0.379	0.405	0.504	0.232	0.164	0.149
油石比	0.524	−0.797	0.185	−0.935	−0.025	−0.414
矿料 1	−0.991	0.003	−0.916	0.376	−0.232	0.096
矿料 2	0.982	−0.147	0.854	−0.506	0.204	−0.161
矿料 3	0.899	0.249	0.927	−0.109	0.258	0.028
矿料 4	0.837	0.51	0.968	0.157	0.292	0.153
RAP 料	−0.255	0.94	0.118	0.967	0.115	0.454

在成分得分矩阵中，计算出因子的具体得分效应。最初变量的由起始变量 p 描述，第一因子 j 的因子分数被表示为 $F_j = \beta_{j1}X_1 + \cdots + \beta_{jp}X_p (j=1, \cdots, m)$，其中 $\beta_{j1}, \cdots, \beta_{jp}$ 分别为第 j 个因子和第 1，$\cdots$，p 个原有变量的因子值系数。得到两主要因子得分函数：

第一因子得分为：$F_1 = 0.164 \times$ 空隙率 $-0.025 \times$ 油石比 $-0.232 \times$ 矿料 1 $+0.204 \times$ 矿料 2 $+0.258 \times$ 矿料 3 $+0.292 \times$ 矿料 4 $+0.115 \times$ RAP 料

第二因子得分为：$F_2 = 0.149 \times$ 空隙率 $-0.414 \times$ 油石比 $+0.096 \times$ 矿料 1 $-0.161 \times$ 矿料 2 $+0.028 \times$ 矿料 3 $+0.153 \times$ 矿料 4 $+0.454 \times$ RAP 料

从上述的因子得分情况以及旋转前后的荷载矩阵的数值变化，找出影响劈裂强度比值的因素，主要为两大类，并且这两类是关键的影响因素。

对于旋转后的空间成分，图 5-17 更能明显地进行描述：矿料 1 单独一个区域，对其他因素的相关性不是很大；而 RAP 料、空隙率、矿料 4 影响结果近似，因为 RAP 料搅拌后细集料偏多，使得两者与空隙率存在间接关系；矿料 2，矿料 3 与油石比在一个区域内，细集料的比例多数在这里，影响油石比的变化较多，由此也验证了空间成分图的精确性。

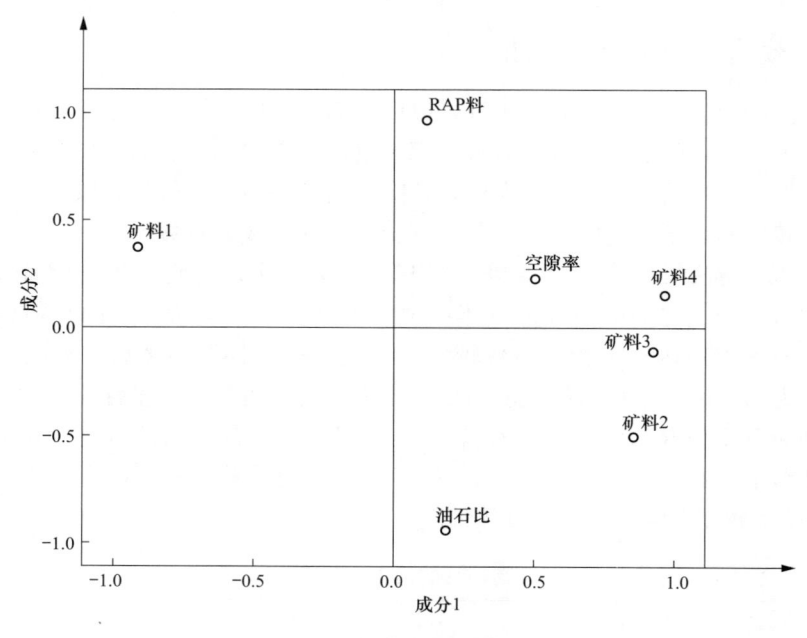

图 5-17　旋转后的空间的成分图

5.9　水损害的几种微观表现形式

材料在使用中由于自身的老化和外部环境的影响，性能会逐渐下降。水的作用会加速其性能下降，由于水的影响如此之快，损坏的沥青混合料被称为沥青混合料的水损害。通过对水损害原因进行总结，得到的微观表现形式主要有以下几种。

材料在使用中由于材料本身的老化和外部环境的影响，性能会逐渐下降。水的作用会加速其性能的下降，由于水的影响如此之快，损坏的沥青混合料被称为沥青混合料的水损害。通过对水损害原因进行总结，主要有几种微观表现形式。

（1）分离：沥青膜不被损坏，但其从矿物表面脱离。由热力学平衡这样的事实，沥青的表面自由能比水分子越小，所以替换了水分子，所以沥青附着于矿物材料的表面，以使沥青膜剥落。

（2）取代：在矿物表面上的沥青是由多个附着水分子替换，往往在水、沥青和集料的交界处。水移动抵靠破裂的沥青膜，与沥青和水的界面聚集表面上竞争集料表面。然而，水的表面张力比正常或甚至高温沥青的大，由于水的表面自由能大，会得到更多比重的集料表面。

（3）沥青膜的破裂：在负载驱动中，温度的变化或沥青混合料的表面结构，以产生张力和压缩应力，沥青膜薄，容易在外力的作用下发生断裂。上述情况中不一定必须有水的存在，但水会加快这种现象的发生。

（4）水力冲刷：水力冲刷只能作用路面，来自外部车轮荷载。孔隙水的存在是为了承受向下的压力，当车轮堵塞道路的孔隙时，其间的空隙有较大的压力。孔隙中的水溢出因为压力突然释放，边缘处的沥青混合物被冲刷掉。

5.10 沥青-集料黏附性与沥青混合料水稳定性研究

5.10.1 沥青-集料的黏附机理

沥青与集料黏附性的强弱与材料自身性质有直接关系，因为材料的属性决定了初始黏附性的强弱。再者，周围环境对后期黏附性及抵抗剥落性能有显著作用，可以从以下几个方面通过材料性质来评价其对黏附性的影响。

（1）力学理论：集料表面粗糙多孔，为沥青和集料之间提供了更多的接触面积，使其发挥作用。热沥青渗入集料间隙和细裂纹中，由于毛细作用，当其冷却并硬化后，通过锲入和锚固作用，形成机械黏合力。

（2）化学反应理论：沥青中的酸性物质和集料的碱性物质之间的化学反应。

（3）分子定向理论：沥青附着在集料表面后，聚集体表面的分子也极化。沥青在集料表面上形成极性分子取向并进一步形成吸附层。总之，沥青的极性被认为是黏附的基础。

（4）表面能理论：所有的固体表面都存在一个非饱和力场因此，固体表面有自发吸引其他物质以降低自身自由能的能力。集料表面具有过剩的表面能，因此，其具有吸附能力。当沥青润湿了集料表面时，集料吸引沥青分子降低其表面自由能，以达到平衡状态。这个过程是能量转移从而产生附着作用。表面能的理论在物质的两相界面都可以得到体现。

（5）静电理论：沥青和集料相互碰撞，形成静电层，引起静电吸引。

5.10.2 沥青-集料黏附性的影响因素研究

集料的化学组成、粗糙度、沥青的黏性程度、沥青膜厚度等，都是原材料对黏附性的影响因素。集料性质对沥青-集料黏附性有着非常重要的影响。一般碱性骨料和酸性沥青更容易引起化学吸附，而碱性骨料越多，化学键的结合强度就越大，导致沥青-骨料的黏结性增加。集料粗糙度是影响沥青吸附的必要条件，细小的裂缝影响矿物的表面积，与沥青接触的比例越大，吸附作用越强。

沥青的黏度越大，黏合性就越好，当沥青与骨料黏结界面较薄时，沥青本体的强度大于黏结界面的强度，随着界面厚度增大，界面黏结强度大于沥青本体抗拉强度。

5.10.3 黏附性与水稳定性关系研究

通过研究黏结性和水稳定性的影响因素，可以看出沥青与骨料的黏结性主要取决于沥青和骨料的性质，除了沥青的性质外，还有影响沥青混合料水稳定性因素的材料以及混合性能、环境和铺筑技术等许多因素。因此，沥青与集料黏合性的评估是沥青混合料水稳定性研究的重要依据。当结合料的水稳定性好，通常沥青-集料的黏附性也好，反之不一定会成立，所以研究黏附性是水稳定性的必要非充分条件。

因此，对沥青混合料水稳定性的评价一般分为两个部分，一是评定沥青与集料界面的附着力；二是对沥青结合料进行冻融劈裂、浸水马歇尔试验等检验。这两部分都是检验水稳定性重要部分，不可单一来分析。

5.11 影响界面之间黏结力的主要因素

5.11.1 沥青性质的影响

沥青混合料的测定体系有两类，一类是对松散的沥青结合料在常温或沸水下浸入一段时间后评价的指标体系；另一类是在实验室成型试件路面钻芯取样后，通过水侵蚀的结果进行评判的指标体系。黏结破坏是由于沥青强度较低时，沥青强行脱离而形成的，黏结损伤是沥青膜与集料之间缺乏黏合力而造成的，黏结损坏是指沥青膜从集料表面剥离。

物理化学润湿理论表明，沥青聚集矿料表面时会发生三种情况：一是液体在固体表面迅速膨胀，形成液膜在固体表面扩散的现象；二是在固体面上形成透镜形状的液体以上两种表明液体可湿润固体。第三是在固体面上形成椭球形的液体，此种现象表明，液体不能润湿固体表面。具体如图 5-18 所示，图中，θ 表示液体和固体在空气中的接触角，若 $\theta<90°$，表明液体能够润湿固体；特别地，当 $\theta=0°$，表明固体被液体完全润湿，如图 5-18（a）所示；若 $\theta>90°$，表明液体不能够润湿固体，如图 5-18（b）所示。

液相的形态主要取决于表面能的大小。沥青黏附集料表面过程如图 5-19 所示，液滴从固体表面上的初始自由流动到平衡状态，每个形态的表面张力之间存在力平衡。设矿料/大气、矿料/沥青、沥青/大气的界面张力分别为 $\Sigma(s-a)$、$\Sigma(s-b)$、$\Sigma(b-a)$。则平衡方程近似可表示为：

$$\Sigma(s-a)-\Sigma(s-b)+\Sigma(b-a)\times\cos\beta=0$$
$$\Sigma(s-a)-\Sigma(s-b)+\Sigma(b-a)\times\cos\alpha=0$$

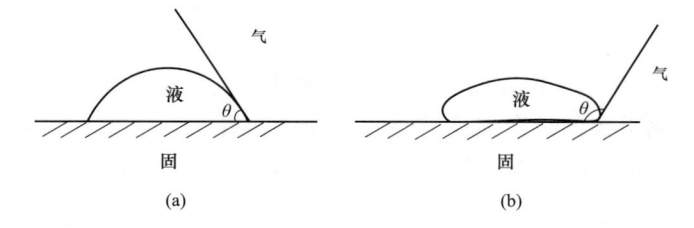

图 5-18　液体在固体表面的润湿情况

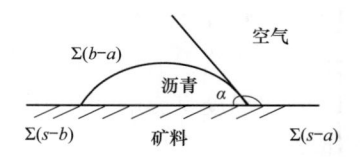

图 5-19　沥青黏附集料表面过程

沥青对石料的润湿角为：

$$\alpha=\arccos\frac{\Sigma(s-a)-\Sigma(s-b)}{\Sigma(b-a)}$$

根据杨氏方程理论可知，倘若两表面的能量都出现小于矿料/大气界面的能量，即 $\Sigma(s-b)+\Sigma(b-a)<\Sigma(s-a)$，则 α 近似为 0，矿料不会与沥青产生润湿；反之，若 $\Sigma(s-b)>\Sigma(s-a)$，则 $\alpha=180°$，两相绝对不会润湿。由于矿料/沥青的黏结力较小，沥青表面能量低于两者与空气接触的能量。在高温状态下，沥青膜作为薄层铺在矿料表面。

沥青的黏附性降低，矿料和水的吸附改变，都可使水从集料表面置换沥青。因此，水和沥青分别与矿料间的接触角数值来分析沥青/矿料黏合界面的抗水损害的能力。接触角的差异越小，沥青/骨料黏结界面抵抗水损害的能力越好；反之，接触角差值越大，其抗水损害能力就越差。沥青结合料的水稳定性通常是通过黏附功和接触角差值进行初步评价。

5.11.2 集料性质的影响

当矿物材料和沥青之间形成化学吸附,吸附能力强。然而,并非所有的矿料与沥青可归结为化学吸附,其主要由材料的化学性质决定的。沥青能与含有 $CaCO_3$ 的碱性石料产生化学吸附,而与为 SiO_2 主成分的酸性或弱酸性石料的化学吸附不强,甚至不形成化学吸附。

沥青与矿料界面之间的分子作用力,使沥青膜易发生掉落。混合料有水浸泡时,所述矿物材料和沥青附着力非常小时,容易被着附力数值高的水/集料体系代替。水对沥青膜的剥落作用如图 5-20 所示。

在三种状态的体系中,设矿料/沥青、矿料/水、水/沥青之间界面张力分别为 $\sum(s-b)$、$\sum(s-w)$、$\sum(w-b)$,则平衡方程式为:

图 5-20 水对沥青膜的剥落作用

$$\alpha = \arccos \frac{\sum(s-w) - \sum(s-b)}{\sum(w-b)}$$

矿料表面与沥青的化学吸附很微弱时,总是 $\sum(s-w) < \sum(s-b)$,使得 $\alpha > 90°$。因此,如果水进入沥青结合料中,沥青会轻易被水所置换。

石灰石为碱性石料,外表的离子容易与沥青中部分有活性的离子,如 —OH、—COOH、—NH₂、—SH 等作用,在化学吸附的情况下,水的极化相对较小,因此表现出良好的抗水性。如果水分进入矿料和沥青界面,则会代替沥青,导致沥青脱落,使沥青混合料的抗水性急剧下降。

5.11.3 级配的影响

沥青混合料主要有沥青和矿料两部分,一般而言,沥青和集料中的细料或者所掺加的矿粉在混合料中起到产生黏附作用。而沥青在混合料中主要有两种存在方式,一种为自由沥青,另一种为结构沥青。矿粉表面形成一层扩散剂薄膜,该部分为结构沥青。自由沥青不会产生太大的影响,起到黏附作用的主要为结构沥青。所以要对沥青的最佳用量进行一个合理定位,使其达到一个饱和状态。在一定量的沥青下,矿物颗粒与结构沥青之间的面积越大,结构沥青的比例越大,使得黏聚力更高。

如图 5-21 所示,在一定的体积和孔隙率下,混合物粒径不断减小,导致颗粒数量增加,同时也增加了矿物颗粒间的接触点数量,即结构沥青数量增加。如果沥青混合料的间隙变小,则接触面积比例不断扩张,结构沥青的接触点随之增加。那么,细级配比粗级配混合料易产生更大的黏聚力。

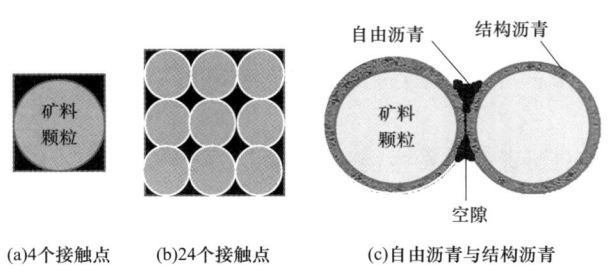

(a) 4 个接触点 (b) 24 个接触点 (c) 自由沥青与结构沥青

图 5-21 矿料粒径与接触点的关系

因此，除了沥青混合料之间的黏聚力之外，骨料也起着重要的作用。特别是嵌入粗骨料中，通过交叉摩擦沥青混合料提供更高的拉伸强度。对于两种混合料而言，在未冻融之前AC-13粗骨料在抗拉性能中起到了重要作用，虽然AC-13混合料的黏聚力比AC-10的小，但是AC-13的黏聚力和骨料之间的综合作用却大于AC-10的强度。在冻融之后，由于AC-13的比表面积变小，而且空隙率偏大，较少的结构沥青受到水的破坏后，黏聚力下降，使得结合料抗外力的作用减小；AC-10沥青混合料与之相反，虽然也受到水的侵蚀，但是总体黏聚力依旧可以抵抗外力作用。由此可知，AC-10的抗冻性能比AC-10混合料的更好。

5.11.4 老化的沥青对水稳定性的影响

老化对矿料和沥青黏结有一定的影响。对于不含防剥离剂的沥青混合料来说，老化后的黏结性甚至更好，因为在高温老化之后，沥青膜黏度增加，进一步增加了沥青和矿料的黏合力，从而提高沥青混合物老化后的抗剥落能力。

适当老化导致一些沥青中的原子或化学基团与空气中的氧分子起反应。这种化学反应能促进沥青本身的黏度，也可以衍生出酮类、亚砜类官能团吸附在骨料表面，难以被水置换，从而提高了沥青混合料的水稳定性。

就针入度而言，RAP料通过加热后，沥青有部分融化，与新沥青进行融合，融合后的沥青老化程度会升高，所以在劈裂强度试验中混合料会变得脆硬。对于未加热RAP料的沥青混合料，其调和沥青的针入度高于加热RAP料的沥青混合料，导致它的水稳定性略好于加热的RAP料。

5.12 沥青混合料的微观结构分析

沥青结合料内部结构的探究主要在粗观、细观和微观三方面。通过对内部的微观结构、连接情况、融合程度等来多方面衡量掺有RAP料的沥青混合料水稳定性。混合料的宏观力学特征通常取决于材料的内部细微结构。

5.12.1 沥青混合料融合情况

在对热拌沥青混合料设计时，考虑RAP料与新集料能否均匀混合。在进行级配设计与性能试验检测时，都认为新沥青与RAP料中的旧沥青完全融合。而现实中，会出现RAP料的变异性、RAP料中沥青可否全部分离、RAP料加热温度、混合料搅拌时间等很多问题，所以对于新旧沥青的融合情况分为以下3种。

（1）无融合：旧沥青混合料如新材料在沥青混合料中，新沥青与旧沥青之间无融合；

（2）部分融合：RAP料中部分旧沥青与新沥青可以混合，部分旧沥青与新沥青混合起到胶结作用；

（3）完全融合：新旧沥青完全发生混合形成稳定均匀的沥青。

新旧沥青融合的三种状态如图5-22所示。

国内外学者对沥青混合料中新旧沥青混合状态进行了大量的实验研究，目的是为了确定新旧沥青是否融合。如果新沥青与旧沥青之间没有融合反应，则RAP料中的旧沥青对整个沥青混合料的影响略小，RAP 料可以作为骨料；如果 RAP 料中的旧沥青与新沥青融合在一起，旧沥青会对沥青混合料产生一定影响，应考虑旧沥青的影响。

5.12.2 沥青混合料的电子显微镜扫描

扫描电子显微镜（scanning electron microscope，SEM）主要用于观察微观结构的材料和外观特性。利用二次电子射频成像以检测样品的外部形状，当一束高能电子轰击材料表面，轰击将形成二次电子和散射电子信号，此信号被二次电子探测器接收、放大，用于调制成像显示器同步扫描点的亮度，形成图像，有效地显示样品的表面形态。图 5-23 所示为 S-4800 型号的电子显微镜。

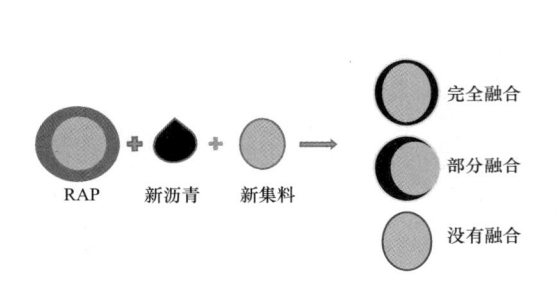

图 5-22　新旧沥青融合的三种状态　　　　图 5-23　电子显微镜

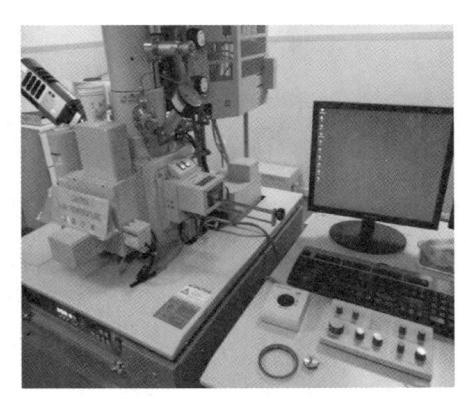

5.12.3 试验结果与分析

主要从颗粒形状特征、材料棱角性特征以及具体的表面纹理特征三个方面研究微观机理。利用图像处理技术开展对集料的观察研究，以及加热与未加热的 RAP 料与集料的连接情况。图 5-24（a）、图 5-24（b）为放大 2000 倍的沥青和新集料图片，图 5-24（c）和图 5-24（d）为放大 300 倍的两种沥青混合料的形貌图，图 5-24（e）、图 5-24（f）为未加热 RAP 料和加热后 RAP 料的融合情况。

通过图 5-24（c）和图 5-24（d）发现，AC-10 的界面较 AC-13 的更为平整，通过图 5-24（e）和图 5-24（f）对比发现，两者之间有着较大的差别。图 5-24（e）中未加热 RAP 料界面的裹附以及融合情况较差，图中划圈内的连接处留有较大的空隙。该孔隙多于图 5-24（f）中加热 RAP 料界面的数量，而加热后的 RAP 料与沥青融合程度更为均匀一些。旧集料中的沥青受热后融化，进而黏附住旧料中的细料部分，使得在与新料混合过程中裹附性更好，细集料和新沥青所形成的结合沥青增加了其强度，使得粗细粒料之间发生更良好的嵌挤。而未加热的 RAP 料中，由于长期的荷载以及紫外线影响，旧料变得更为脆硬。不加热的情况下，旧沥青不会形成裹附，所以图 5-24（e）中出现 RAP 料与集料的不完全融合，导致未加热的 RAP 料的混合料水稳定性较低，在界面的连接以及结构上均低于加热 RAP 料的。

(a)自由沥青微观图像　　　　　　　　　　(b)新集料微观图像

(c)AC-13混合料界面形貌图　　　　　　　(d)AC-10混合料界面形貌图

(e)未加热RAP料界面形貌图　　　　　　　(f)加热RAP料界面形貌图

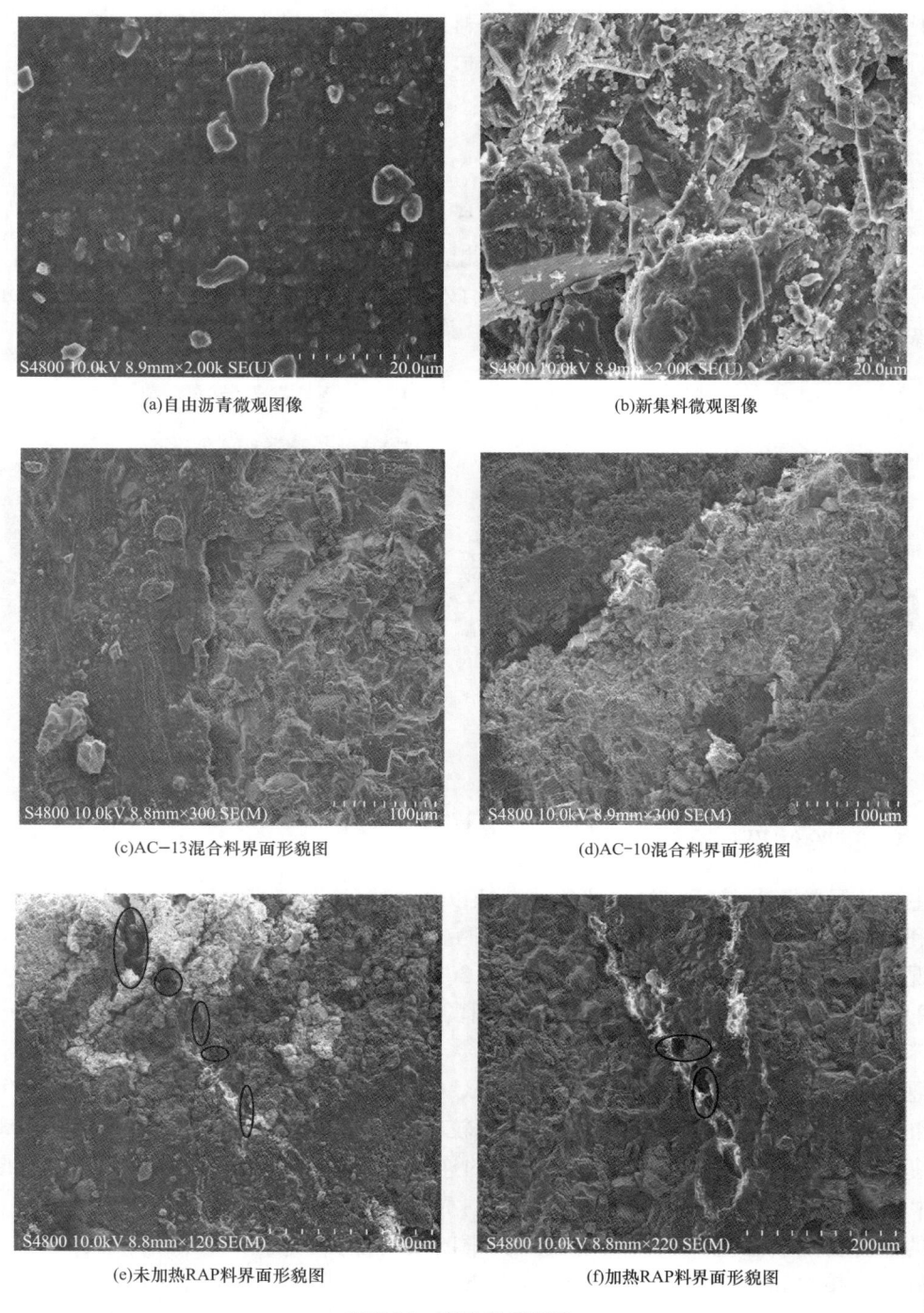

图 5-24　实验结果照片

考虑到 RAP 料经多年使用，其集料外表的沥青老化、吸附能力下降，RAP 料掺量增多，其总体的油石比不断增加，所以沥青用量减少。对于 RAP 料中旧沥青与新沥青的不完全结合与交融作用，其抗冻性能略低于新集料。但混合料中老化的沥青较硬，破坏强度没有无 RAP 料的沥青结合料大。

5.12.4 超景深三维显微镜扫描

采用日本基恩士（Keyence）生产的 VHX-2000 超景深三维显微系统，通过对成型之后的 AC-10 和 AC-13 两种不同的沥青混合料（为保证规律性取 RAP 料掺量为 0%、10%、20%）进行试件切割，切成表面平整光滑的小薄片，便于观察集料与沥青之间界面的联系。图 5-25 所示为切片后的试件，图 5-26 为超景深三维显微系统（VHX-2000）。

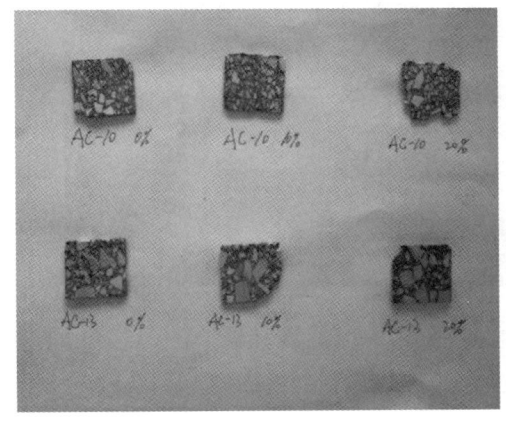

图 5-25　切片后的试件　　　　图 5-26　超景深三维显微系统

采用像素移位模式观察，以提供准确和超高分辨率的图像，使图形可以形成色再现。通过平稳逐线扫描的方法，所述画面显示连续接近目标的视野，从而实现优良的色彩重构能力。对集料的裹附情况，以及集料之间的界面连接进行图像观测，尽可能达到景深与亮度相平衡。图 5-27 为加热 RAP 料的沥青混合料的情况；图 5-28 为未加热 RAP 料的沥青混合料的情况；图 5-29 为二值化处理后的界面分布图像。

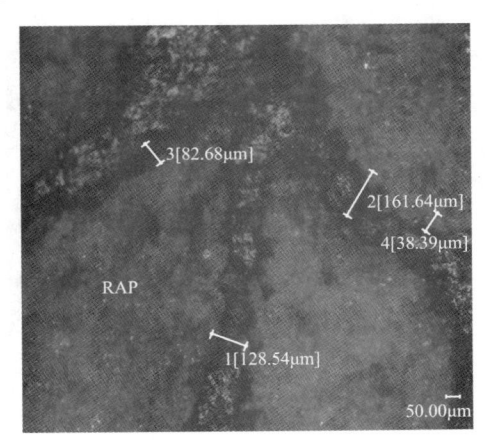

图 5-27　加热 RAP 料的沥青混合料的情况　　　　图 5-28　未加热 RAP 料的沥青混合料的情况

通过对 RAP 料的研究，得知对于 RAP 料与沥青之间的界面来说，加热的 RAP 料与沥青的融合程度远远高于未加热的，是由于 RAP 料本身受热，使得 RAP 料表面的沥青因受热而激活，由于温度作用，产生能量差值，从而加速沥青产生分子定向移动，由此可以看出，通过分子理论和能量理论，可以对加热 RAP 料的沥青混合料裹附情况更为均匀这一现象做出合理解释。同时，由于 RAP 料在回收时，经过了破碎处理，其表面有很多细小的裂痕，在加热的过程中，使得沥青与矿粉形成的结合沥青能够充分进行填充，从而形成一定的强度。

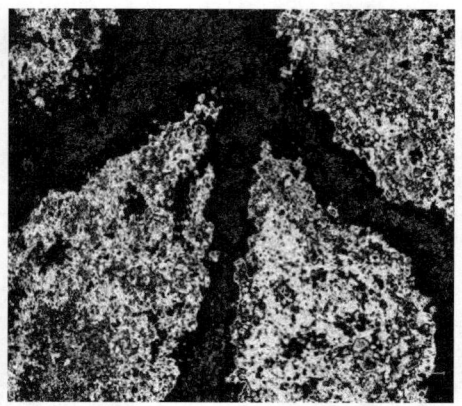

图 5-29　二值化处理后的界面分布图像

5.12.5　两种沥青混合料类型微观对比

对于新集料而言，AC-10 和 AC-13 的粗集料和细集料之间也存在略微的差别，因为 AC-10 的细集料较多，所以其形成的结合料中结合沥青所占的比例较大。而 AC-13 沥青混合料的结合沥青相对较少，其自由沥青所占比例略多一些。图 5-30 和图 5-31 所示分别为 AC-10 和 AC-13 混合料的连接情况，同时对粗细集料之间的距离进行测量。

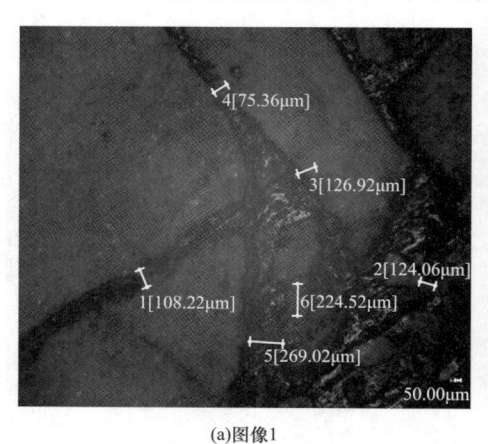

(a)图像1　　　　　　　　　　　　(b)图像2

图 5-30　AC-10 沥青混合料微观图像

从图 5-30 和图 5-31 观察沥青混合料微观图像发现，AC-10 沥青混合料的细集料与沥青的融合较好，所形成的结构沥青以及细集料均可较好填充粗集料间的缝隙，很好的嵌挤作用使其形成了较大的强度。对于 AC-13 混合料而言，较大的粗集料中存在着一些较多的裂缝纹理，同时粗细集料之间的嵌挤程度较低。从力学理论角度来看，由于一定的毛细作用，细集料更容易嵌挤到微裂缝中，可以更好地锚定，而增加抗水损害能力。且通过对集料之间距

离进行测量发现，AC-13 之间的距离达到 200~400μm，大于 AC-10 的 150~300μm 的距离，该距离的主要成分多为自由沥青，对于水稳定性以及强度的形成没有促进作用。

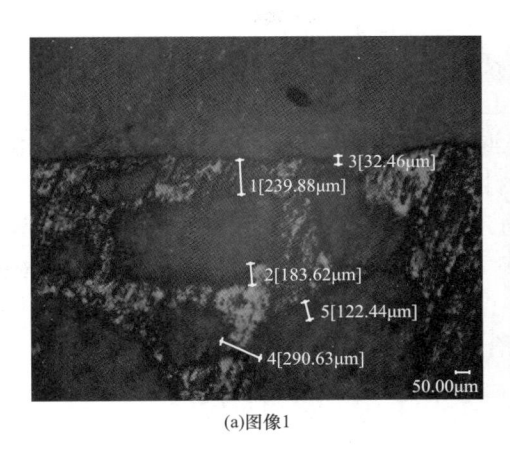

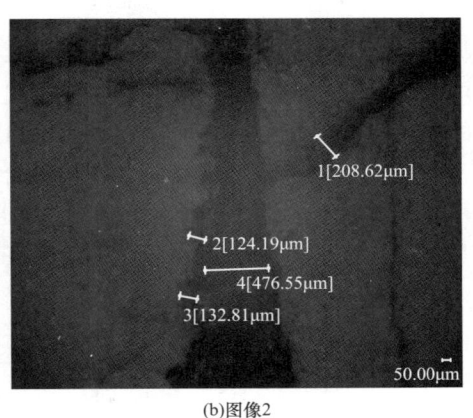

(a) 图像1

(b) 图像2

图 5-31　AC-13 沥青混合料微观图像

5.12.6　微观三维形貌图像

对于沥青质中的极性分子，如—OH、—NH$_2$ 和—COOH 等会引发沥青质向沥青与水的界限移动，使得在沥青表面形成了强度较大的结构膜。沥青质分子结构产生位移倾向，使得沥青随着时间的积累发生硬化现象，且在热、氧作用下，硬化不可逆转，沥青性能发生改变。

在沥青混合料微观结构层面上，主要针对其形貌特性和物质构成两点进行研究。通过对沥青混合料界面的形貌，来分析沥青在集料之间的变化规律。采用原子力显微镜在放大 300 倍条件下，进行逐层扫描，并将每一次扫描的图片进行合并，得到图 5-32 的平面三维图像和图 5-33 的立体三维图像。

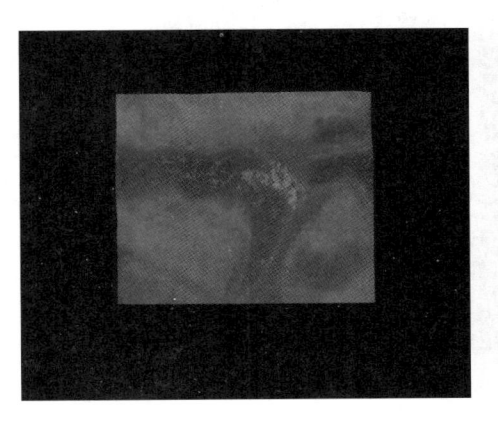

图 5-32　平面三维图像　　　　图 5-33　立体三维图像

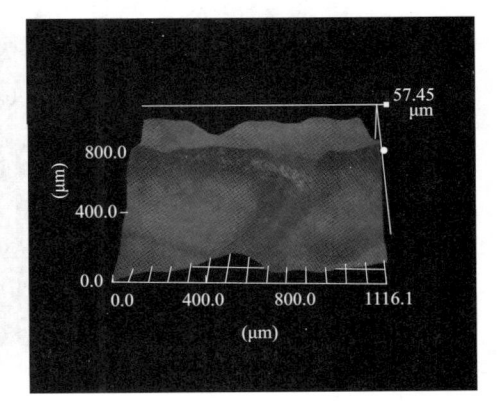

5.12.7　三维形貌结构分析

AC-10 和 AC-13 两种混合料在最佳油石比下，通过采用三维图像扫描，可以清楚地观察到集料和沥青分布的位置和不均匀分布的数量，其可以快速评估反映沥青混合料的骨架嵌入特性。

通过图 5-34 和图 5-35 观察发现，随着时间延长，混合料中沥青部分发生上移，显示出矿料与沥青部分呈现高度差。图中红色区域代表海拔升高地带，该地带多为沥青，图中绿色和蓝色区域表示了集料及集料界面位置。通过上述图片，能看到融合情况以及自由沥青因集料之间的挤压而发生位移，多余的沥青而使得混合料的结构发生变动。RAP 料不断增加使得细料含量变多，会导致沥青量增加，使混合料整体级配发生变化。AC-10 混合料的微观平面较为平整，其最高海拔为 $49.89 \mu m$，而且通过图 5-34 可以发现，红色和绿色地带较多，证明该区域的沥青和集料的融合情况良好。对于 AC-13 混合料而言，其最高海拔为 $63.34 \mu m$，图 5-35 中的蓝色区域较多，证明该区域的落差情况较为明显，尤其是自由沥青因发生挤压而出现上移情况，所以该区域的融合情况相对较差一些。

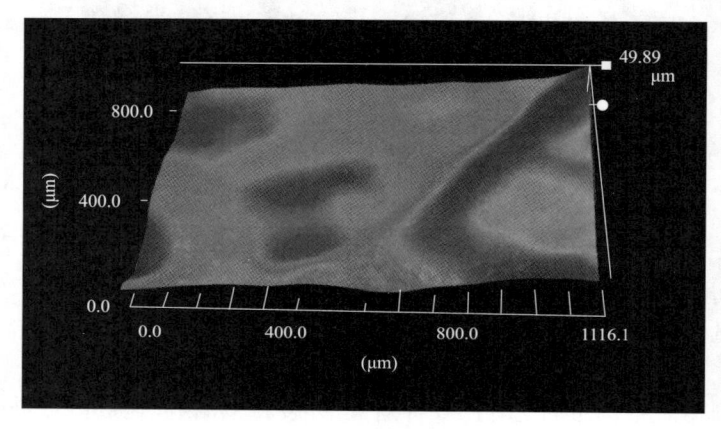

图 5-34　AC-10 立体三维形貌图像

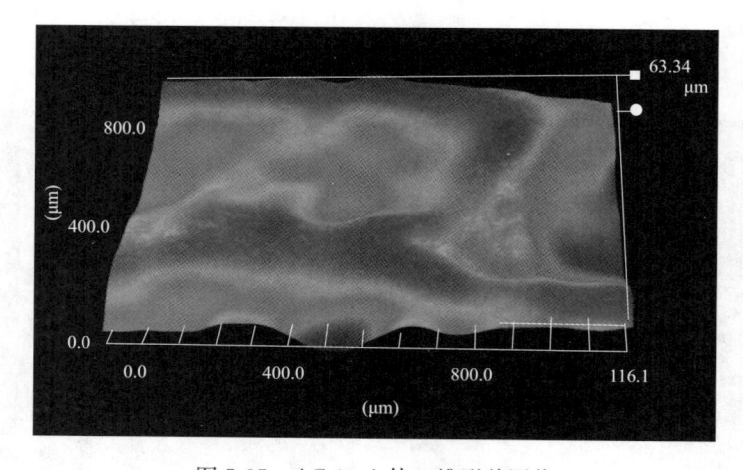

图 5-35　AC-13 立体三维形貌图像

5.12.8　计算机图像处理的优势

计算机图像处理技术在沥青混合料内部组成分析中的应用，是实现对材料性能和微观结构组成进行准确、快速、客观评价的有效途径。

该技术仍然需要改进，需进一步提高图像处理技术和分割的精度，建立有效的微观结构观测体系，弥补现有宏观指标体系的不足，并提供沥青混合料的材料设计依据。

图像处理技术可以很好地分析沥青混合料分布情况、形状特征、边缘接触特性和空隙特征。数字图像技术能够准确无损地分析和评价沥青混合料的内部特征，搭建宏观特性与细观结构之间的关系，有助于沥青混合料的宏观检测结果。

5.13 本章小结

本章从沥青和集料的界面相互作用角度出发，对原材料的表面能以及沥青与集料黏附性进行研究。强调细集料对水稳定性能的重要性，建立黏附机理和水稳定性之间的关系。在此基础上利用微观显微镜进行扫描，通过观察微观的表现形式，来建立宏观与微观之间的内在联系，进一步评价沥青与集料黏附性以及沥青和集料间混合料抗水损害的能力。基于以上研究，得出了以下成果：

（1）AC-10 与 AC-13 在同一 RAP 料掺量下对冻融劈裂强度的影响，通过冻融前后劈裂强度比的变化，来评定低掺量 RAP 料的沥青混合料水稳定性能。证明 AC-10 的水稳定性能更好。

（2）对沥青混合料的冻融强度进行曲线拟合，发现 RAP 料掺量变化与劈裂强度比之间主要呈现线性关系，随着 RAP 料的增加，冻融劈裂强度比不断下降。未加热 RAP 料的沥青混合料变化主要呈二次曲线变化。

（3）通过相关性分析各个影响因素之间关系，将偏相关的检验与常规的相关性检验进行对比，发现油石比与细集料的相关系数升高，对于油石比的相关性有了一定影响，一方面是 RAP 料加入对调和沥青的改变，另一方面是 RAP 料加入细集料的分布发生改变。

（4）通过因子分析法，矿料级配类型对劈裂强度比影响变化的指标，第一因子中矿料级配所占比重较大，所以将第一因子称为细级配类型因子，第二因子中主要是油石比波动因子。

低掺量 RAP 料的沥青混合料，其水稳定性是错综的条件综合作用而导致，其中有材料自身的性质、结构、所受荷载及自然因素等原因，那么探究沥青混合料水稳定性的根本原因，就需要从多方面进行考虑了。本章主要从沥青与集料的相互影响、界面黏结过程、结合料形态结构等方面，对沥青混合料水稳定性和矿料与集料界面黏附性进行研究。

沥青与集料彼此作用分为：表面的润湿、吸附、黏附力产生的三大相互作用。当矿料表面涂覆有沥青膜，在沥青的极性官能基团的一部分与所述电场的分子力的作用下的干涉，以产生沥青和骨料之间的接触。沥青混合料的温度降低时，从液体到固体沥青黏附逐渐增加，吸附速率降低，直到沥青和骨料之间的黏合强度最终形成。

（5）集料的化学组成和表面纹理、沥青的黏结度、沥青膜厚度等对界面黏附性的作用，集料性质对黏附性影响较大。集料粗糙度是影响沥青吸附的必要条件，细小的裂缝影响矿料的表面积，矿料与沥青接触的比例越大，吸附作用越强。而矿料的构造形态、接触状态等对沥青混合料水稳定性也有影响。

（6）对 RAP 料以及 RAP 料中老化的沥青而言，适当老化导致一些在沥青的原子或化学基团与空气中的氧分子起反应。这种化学反应能促进沥青本身的黏度，也可以衍生出酮类、亚砜类官能团产生后附着在骨料上不易被水置换，从而提高沥青结合料抗水损害能力。

（7）通过超景深三维显微镜和扫描电子显微镜试验对沥青混合料微观形貌结构进行研究，发现 AC-10 的形貌结构更为均匀，骨料之间的嵌挤更密实，其整体密实性较高。对于融合程度而言，AC-10 混合料的细集料与沥青结合程度高于 AC-13。加热的 RAP 料的融合程度优于未加热的 RAP 料，所以 RAP 料是否加热对水稳定性会出现一定的影响。

（8）因为黏附性是水稳定性的必要非充分条件，黏附性评价不可单单作为抵抗水损害评价的主要依据。所以评定沥青与集料界面的附着力，对沥青结合料进行冻融劈裂、浸水马歇尔试验等检验，这两部分都是检验水稳定性重要部分，不可单一来分析。

第 6 章　低掺量 RAP 料沥青混合料疲劳性能试验研究

低掺量 RAP 料热拌沥青混合料中含有部分已老化的再生沥青路面材料，使得低掺量 RAP 料热拌沥青混合料的性能变得相对复杂，且低掺量 RAP 料热拌沥青混合料的沥青路面处在复杂的自然环境当中，长期经受交通荷载和环境的综合作用，这些因素极易导致沥青路面再次老化，使低掺量 RAP 料的热拌沥青混合料的性能逐渐衰退直至被破坏。沥青混合料的这种性能衰减就是沥青混合料的疲劳特性，它是混合料耐久性的表征，直接影响沥青路面的使用寿命。

材料的疲劳是指在循环加载下，材料内部产生永久性损伤而形成裂纹，发展至完全断裂的现象。沥青材料的疲劳破坏是个更复杂的过程，在汽车轮载作用下，沥青路面长期承受拉、压应力重复循环变化，致使路面结构强度逐渐下降。当轮载重复作用超过一定次数后，荷载应力超过路面材料极限强度，路面出现裂缝，即为疲劳破坏。疲劳破坏是沥青路面的主要破坏模式之一。

6.1　试验方法和试验方案

6.1.1　试验方法的选择

沥青混合料疲劳试验大多是基于现象学法进行研究的，世界各国还没有将疲劳试验作为标准试验方法纳入规范。在国内外应用较为广泛的室内疲劳试验方法主要有梁式试件四点弯曲法、梯形悬臂梁弯曲法和间接拉伸法。本次的疲劳试验采用四点弯曲法，加载仪器和加载方式示意图如图 6-1 和图 6-2 所示。

图 6-1　疲劳试验加载仪器　　　　图 6-2　加载方式示意图

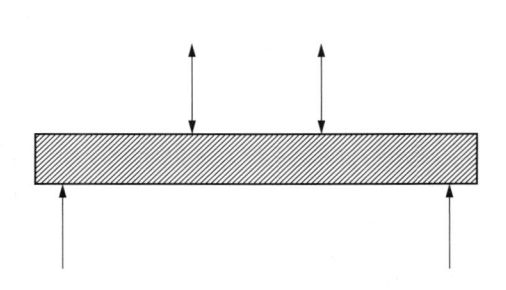

6.1.2 试验条件选择

（1）疲劳试验加载模式。

疲劳试验的荷载控制模式主要有两种，即应变控制模式和应力控制模式。应变、应力控制模式各有优缺点。应变控制模式选择判断标准具有一定的随意性，且在技术应用上难以达到。应力控制模式再现能力较好，试验时间短、精度高，所需试件少，疲劳试验数据分散程度小，本次试验采用应力控制的方式对再生沥青混合料进行疲劳试验，以试件的断裂作为破坏准则。

（2）疲劳试验应力水平。

疲劳试验应力水平的选择对于疲劳试验结果会产生很大的影响。若应力水平选择过低，所得的疲劳寿命偏大，这不仅浪费试验时间，而且所得的实验数据也没有实际意义；若应力水平选择过高，试件很容易就发生疲劳破坏，严重低估了材料的疲劳寿命，容易在实际工程中造成不必要的材料浪费。综合考虑项目试验中采用0.05、0.1、0.15、0.2、0.25五个应力水平进行疲劳试验。

（3）疲劳试验加载频率。

对于室内小型试件的疲劳试验研究，应考虑车轮荷载对路面的加载时间。当试验加载频率为10Hz时，加载时间为0.16s。0.16s的加载时间对沥青混合料路面大致相当于60～65km/h的行车速度，我国现行的《公路工程技术标准》（JTG B01—2014）规定的高等级公路行车速度范围为60～120km/h，由此可见选择10Hz的加载频率还是比较合的。

（4）疲劳试验加载波形。

研究发现材料的疲劳寿命与荷载波形有一定的关系，通常认为正弦波比较接近实际路面所承受的荷载波形。本次试验也采用正弦波荷载对再生沥青混合料试件进行加载。试验过程中为防止长时间试验导致试件脱空，对试件产生冲击影响，在正式试验开始前以最小荷载（最大荷载的5%）对试件进行预加载，以使各部件接触良好。

（5）疲劳试验温度。

沥青混合料作为一种黏弹性材料，它的疲劳性能随着温度的变化而变化。美国公路战略研究计划（Strategic Highway Research Program，SHRP）及国内大量研究结果表明：常温以上的疲劳破坏主要是累积变形破坏，没有明显的疲劳意义，沥青混合料疲劳破坏存在当量温度，其代表温度为15℃。所以选择15℃作为试验温度。

6.1.3 试验方案

疲劳试验采用的试验尺寸为长250mm±2mm、宽30mm±2mm、高35mm±2mm，各车辙试验试件最多可以切割成6根这样的棱柱体小梁，如图6-3所示。在切割时注意保证所切割的长度方向与行车碾压方向一致，同时保证切割时与轮碾成型时试件的上下位置不发生改变。试件切割完成后立刻擦干编号，风干备用。所制得的棱柱体小梁试件见图6-3。

试验共切割48根小梁试件。两种沥青混合料AC-10和AC-13低掺量RAP料分别为0%、10%、15%、20%，每组的力的峰值为0.05～0.15、0.1～0.2、0.15～0.25。

(a)照片1　　　　　　　　　　　　(b)照片2

图 6-3　切割的小梁试件

6.2　低掺量 RAP 料热拌沥青混合料疲劳性能试验

为研究 RAP 料掺量对沥青混合料疲劳性能的影响，本次试验采用 RAP 料掺量分别为 0%、15%、10%、20%。试验采用正弦波加载，加载频率为 10Hz。试验采用应力控制的方法。为了保证试验可靠性，以劲度模量的大小来控制试验机是否停机，当实测的试件模量减少到初始的模量的 1% 时，则停机。试验过程及设备如图 6-4 所示。

(a)试件疲劳破坏（断裂）　　　　　　　　(b)疲劳试验数据采集

(c)疲劳试验加载系统　　　　　　　　　　(d)疲劳试验完毕后的试件

图 6-4　疲劳试验照片

6.2.1 疲劳试验结果

分别就取料于抚顺市三个拌和站不同 RAP 料掺量的热拌沥青混合料进行疲劳试验，得到试验结果见表 6-1～表 6-6。

表 6-1　　　　　　　　　　　新宾拌和站 AC-10 疲劳试验结果

混合料类型	试件编号	峰值/kN	初始劲度模量/MPa	模量衰变至/MPa	位移/mm	运行次数
AC-10 (0%)	1	0.05～0.15	1004.39	8.42	7.13	6407
	2	0.05～0.15	997.22	9.76	7.23	6392
	3	0.15～0.25	1535.47	60.32	6.11	2118
	4	0.1～0.2	2225.17	31.83	6.74	3844
	5	0.2～0.3	797.09	108.56	5.1	1148
	6	0.3～0.4	1123.83	188.99	4.63	495
AC-10 (10%)	1	0.15～0.25	2693.93	86.05	4.89	4785
	2	0.15～0.25	2671.23	87.12	4.91	4810
	3	0.1～0.2	1928.52	31.96	6.39	9421
	4	0.2～0.3	1981.41	139.53	4.84	2183
	5	0.2～0.3	1888.7	90.66	6	3660
	6	0.3～0.4	1559.23	161.72	4.93	1442
AC-10 (15%)	1	0.15～0.25	981	31.5	4.21	1867
	2	0.15～0.25	982	32.3	4.13	1689
	3	0.1～0.2	1376	83.2	5.32	2143
	4	0.1～0.2	1378	83.5	5.31	2468
	5	0.05～0.15	2689	91.2	6.21	5898
	6	0.05～0.15	2782	110.3	6.11	6025
AC-10 (20%)	1	0.1～0.2	1558.98	40.8	5.63	2022
	2	0.1～0.2	1728.51	37.48	5.58	2244
	3	0.15～0.25	1219.88	66.81	5.56	1559
	4	0.15～0.25	1262.69	54.22	6.21	1615
	5	0.05～0.15	1216.55	9.51	6.01	5498
	6	0.05～0.15	1357.45	11.87	5.59	5689

表 6-2　　　　　　　　　　　新宾拌和站 AC-13 疲劳试验结果

混合料类型	试件编号	峰值/kN	初始劲度模量/MPa	模量衰变至/MPa	位移/mm	运行次数
AC-13 (0%)	1	0.15～0.25	884.04	73.08	4.22	315
	2	0.15～0.25	816.19	56.54	5.53	406
	3	0.1～0.2	1025.54	35.75	5.01	621
	4	0.1～0.2	1220.22	31.13	5.82	706
	5	0.05～0.15	1201.28	11.99	5.99	1215
	6	0.05～0.15	1228.73	12	6.8	1630
AC-13 (10%)	1	0.1～0.2	1298.89	24.92	6.41	1517
	2	0.1～0.2	1711.96	24.81	6.38	1506
	3	0.15～0.25	1322.21	47.18	6	750
	4	0.1～0.2	1544.82	27.86	5.9	1510
	5	0.05～0.15	1412.48	14.07	7.37	2553
	6	0.05～0.15	1400.54	13.09	6.9	2598

续表

混合料类型	试件编号	峰值/kN	初始劲度模量/MPa	模量衰变至/MPa	位移/mm	运行次数
AC-13 (15%)	1	0.05~0.15	1278.9	12.3	6.21	4132
	2	0.05~0.15	1275.3	31.21	6.11	4632
	3	0.1~0.2	1025.3	31.2	5.34	4578
	4	0.1~0.2	1086.3	35.3	5.26	2300
	5	0.15~0.25	8854.2	65.2	4.22	2134
	6	0.15~0.25	8865.3	70.4	4.32	1737
AC-13 (20%)	1	0.1~0.2	1876.09	26.69	5.61	1534
	2	0.1~0.2	1816.76	40.57	5.14	3083
	3	0.2~0.3	1506.21	104.26	4.12	788
	4	0.2~0.3	1342.86	91.52	4.53	947
	5	0.05~0.15	1973.09	1678	6.33	5608
	6	0.05~0.15	1687.8	15.7	5.38	5665

表 6-3　　　　　　　　中心拌和站 AC-10 疲劳试验结果

混合料类型	试件编号	峰值/kN	初始劲度模量/MPa	模量衰变至/MPa	位移/mm	运行次数
AC-10 (0%)	1	0.05~0.15	1424.39	4.2	6.84	6151
	2	0.05~0.15	1527.22	7.45	6.94	6136
	3	0.15~0.25	1735.47	10.61	5.87	2033
	4	0.1~0.2	2005.17	7.98	6.47	3690
	5	0.2~0.3	1797.09	9.45	4.90	1102
	6	0.3~0.4	1023.83	18.8	4.44	475
AC-10 (10%)	1	0.15~0.25	2893.93	8.6	4.69	4498
	2	0.15~0.25	2341.23	8.7	4.71	4521
	3	0.1~0.2	1998.23	12	6.13	8856
	4	0.2~0.3	1781.45	13.9	4.65	2052
	5	0.2~0.3	1898.1	9.07	5.76	3440
	6	0.3~0.4	1739.23	16.17	4.73	1355
AC-10 (15%)	1	0.15~0.25	1281	5.6	4.04	1718
	2	0.15~0.25	1282	12.1	3.96	1554
	3	0.1~0.2	1176	13.1	5.11	1972
	4	0.1~0.2	1078	15.2	5.10	2271
	5	0.05~0.15	2379	7.9	5.96	5426
	6	0.05~0.15	2232	12.6	5.87	5543
AC-10 (20%)	1	0.1~0.2	1765.3	8.04	5.40	1901
	2	0.1~0.2	1235.5	12.4	5.36	2109
	3	0.15~0.25	1567.9	17.9	5.34	1465
	4	0.15~0.25	1355.8	11.8	5.96	1518
	5	0.05~0.15	1230.5	7.98	5.77	5168
	6	0.05~0.15	1113.7	5.98	5.37	5348

表 6-4　　　　　　　　　　　　中心拌和站 AC-13 疲劳试验结果

混合料类型	试件编号	峰值/kN	初始劲度模量/MPa	模量衰变至/MPa	位移/mm	运行次数
AC-13 (0%)	1	0.15～0.25	849	47.50	3.92	309
	2	0.15～0.25	784	36.75	5.14	398
	3	0.1～0.2	985	23.24	4.66	609
	4	0.1～0.2	1172	20.23	5.41	692
	5	0.05～0.15	1154	7.79	5.57	1191
	6	0.05～0.15	1180	7.80	6.32	1597
AC-13 (10%)	1	0.1～0.2	1247	16.20	5.96	1487
	2	0.1～0.2	1644	16.13	5.93	1476
	3	0.15～0.25	1270	30.67	5.58	735
	4	0.1～0.2	1484	18.11	5.49	1480
	5	0.05～0.15	1357	9.15	6.85	2502
	6	0.05～0.15	1345	8.51	6.42	2546
AC-13 (15%)	1	0.05～0.15	1228	8.00	5.78	4049
	2	0.05～0.15	1225	8.78	5.68	4539
	3	0.1～0.2	985	20.28	4.97	4486
	4	0.1～0.2	1043	22.95	4.89	2254
	5	0.15～0.25	8504	42.38	3.92	2091
	6	0.15～0.25	8514	45.76	4.02	1702
AC-13 (20%)	1	0.1～0.2	1802	17.35	5.22	1503
	2	0.1～0.2	1745	26.37	4.78	3021
	3	0.2～0.3	1447	67.77	3.83	772
	4	0.2～0.3	1290	59.49	4.21	928
	5	0.05～0.15	1895	1090.70	5.89	5496
	6	0.05～0.15	1621	10.21	5.00	5552

表 6-5　　　　　　　　　　　　清原拌和站 AC-10 疲劳试验结果

混合料类型	试件编号	峰值/kN	初始劲度模量/MPa	模量衰变至/MPa	位移/mm	运行次数
AC-10 (0%)	1	0.05～0.15	1024.43	7.45	6.17	6324
	2	0.05～0.15	1167.34	5.34	6.81	6092
	3	0.15～0.25	1674.45	12.89	5.15	2189
	4	0.1～0.2	2125.17	7.87	4.68	3639
	5	0.2～0.3	834.35	13.7	4.94	1345
	6	0.3～0.4	1323.34	11.89	4.96	515
AC-10 (10%)	1	0.15～0.25	2593.37	4.56	6.45	4536
	2	0.15～0.25	2436.78	3.67	4.89	4792
	3	0.1～0.2	1901.54	5.45	6.06	8089
	4	0.2～0.3	1839.78	11.45	4.98	2483
	5	0.2～0.3	1798.79	8.59	4.25	3570
	6	0.3～0.4	1435.36	14.34	4.17	1798
AC-10 (15%)	1	0.15～0.25	981	6.23	5.37	2789
	2	0.15～0.25	982	7.39	5.36	3834
	3	0.1～0.2	1376	6.38	6.27	3976
	4	0.1～0.2	1378	10.78	6.17	4632
	5	0.05～0.15	2689	5.35	5.69	5089
	6	0.05～0.15	2782	33.2	5.64	6348

续表

混合料类型	试件编号	峰值/kN	初始劲度模量/MPa	模量衰变至/MPa	位移/mm	运行次数
AC-10 (20%)	1	0.1~0.2	1558.98	6.34	5.62	1822
	2	0.1~0.2	1728.51	7.34	6.27	2456
	3	0.15~0.25	1219.88	6.89	6.07	1345
	4	0.15~0.25	1262.69	8.76	5.65	1901
	5	0.05~0.15	1216.55	4.43	6.07	5056
	6	0.05~0.15	1357.45	4.46	5.65	5885

表 6-6　　　　　清原拌和站 AC-13 疲劳试验结果

混合料类型	试件编号	峰值/kN	初始劲度模量/MPa	模量衰变至/MPa	位移/mm	运行次数
AC-13 (0%)	1	0.15~0.25	934.04	7.93	4.28	310
	2	0.15~0.25	879.13	11.89	5.61	400
	3	0.1~0.2	1235.52	6.77	5.09	612
	4	0.1~0.2	1089.27	5.99	5.91	695
	5	0.05~0.15	1401.67	3.43	6.08	1197
	6	0.05~0.15	1028.46	5.45	6.90	1606
AC-13 (10%)	1	0.1~0.2	1798.83	6.99	6.51	1494
	2	0.1~0.2	1311.91	7.88	6.48	1483
	3	0.15~0.25	1322.21	6.77	6.09	739
	4	0.1~0.2	1493.1	7.86	5.99	1487
	5	0.05~0.15	1445.42	6.56	7.48	2515
	6	0.05~0.15	1398.53	4.49	7.00	2559
AC-13 (15%)	1	0.05~0.15	1378.92	6.7	6.30	4070
	2	0.05~0.15	1475.61	5.45	6.20	3951
	3	0.1~0.2	1124.89	4.5	5.42	2266
	4	0.1~0.2	1286.14	5.87	5.34	2102
	5	0.15~0.25	8254.27	4.33	4.28	1120
	6	0.15~0.25	9065.31	8.99	4.38	1082
AC-13 (20%)	1	0.1~0.2	1676.89	6.89	5.69	2766
	2	0.1~0.2	2016.73	5.94	5.22	3037
	3	0.2~0.3	1706.56	6.88	4.18	776
	4	0.2~0.3	1142.56	11.3	4.60	933
	5	0.05~0.15	1683.67	7.67	6.33	5524
	6	0.05~0.15	1898.3	5.98	5.38	5580

6.2.2　疲劳试验结果分析

应力比反映了疲劳试验施加荷载的大小，其值对于疲劳试验结果有着很大的影响。若应力比选择过低，所得的疲劳寿命偏大，这在一定程度上浪费了试验时间；若应力比选择过高，试件很容易就发生疲劳破坏，严重影响了实验的精度及准确性。试验设计中主要采用不同的正弦应力峰值进行加载即 0.05~0.15kN、0.1~0.2kN、0.2~0.3kN、研究不同大小的正弦力对低掺量 RAP 料热拌沥青混合料疲劳性能的影响。计算所得的应力比汇总表见表 6-7。

表 6-7　　　　　　　　　　　应 力 比 汇 总 表

混合料类型	力的峰值	作用次数	应力比	混合料类型	力的峰值	作用次数	应力比 S
AC-10 (0%)	0.15	6400	0.318	AC-13 (0%)	0.15	1423	0.424
	0.2	3844	0.424		0.2	664	0.566
	0.25	2118	0.531		0.25	361	0.707
	0.3	1148	0.636		—	—	—
	0.4	495	0.749		—	—	—
AC-10 (10%)	0.2	9421	0.234	AC-13 (10%)	0.15	2576	0.476
	0.25	4798	0.293		0.2	1511	0.634
	0.3	2922	0.351		0.25	750	0.793
	0.4	1442	0.468		—	—	—
AC-10 (15%)	0.15	5962	0.251	AC-13 (15%)	0.15	4382	0.406
	0.2	2306	0.333		0.2	3439	0.541
	0.25	1778	0.417		0.25	1936	0.677
AC-10 (20%)	0.15	5594	0.254	AC-13 (20%)	0.15	5637	0.402
	0.2	2133	0.339		0.2	2946	0.535
	0.25	1587	0.423		0.3	868	0.804

1. 不同 RAP 料掺量热拌沥青混合料 AC-10 的疲劳性能分析

为了能直观地反映试件的疲劳性能，对应力比与作用次数进行线性拟合。根据表 6-3 中数据拟合可以得到疲劳方程不同 RAP 料掺量的疲劳方程。

RAP 料掺量为 0% 时的疲劳方程为：
$$S = 0.28516 + 0.71482e^{-4.78242\times10^{-4}N_f} \tag{6-1}$$

RAP 料掺量为 10% 时的疲劳方程为：
$$S = 0.22908 + 0.47616e^{-4.75457\times10^{-4}N_f} \tag{6-2}$$

RAP 料掺量为 15% 时的疲劳方程为：
$$S = 0.24523 + 0.84746e^{-8.55285\times10^{-4}N_f} \tag{6-3}$$

RAP 料掺量为 20% 时的疲劳方程为：
$$S = 0.2498 + 0.7502e^{-9.21734\times10^{-4}N_f} \tag{6-4}$$

式中　S——应力比；

N_f——加载次数。

则 AC-10 低掺量 RAP 料热拌沥青混合料不同掺量的疲劳方程曲线图如图 6-5 所示。取对数所得的直线拟合方程如图 6-6 所示。

从以上疲劳试验结果可得如下结论：

（1）AC-10 低掺量 RAP 料热拌沥青混合料的疲劳寿命随着 RAP 料掺量的增加而逐渐减小；

（2）沥青用量基本相同的情况下，普通热拌沥青混合料的疲劳性能要高于低掺量 RAP 料热拌沥青混合料；

（3）AC-10 普通沥青混合料对受应力比变化的影响要高于 AC-10 低掺量 RAP 料热拌沥青混合料，说明低掺量 RAP 料热拌沥青混合料疲劳性能更加稳定。

分析 RAP 料的掺加对再生沥青混合料疲劳性能造成不利影响的原因：一方面，随着

RAP 料掺量的增加，混合沥青中旧沥青所占的比重越来越大，而新沥青的比重则相对降低，导致混合沥青的性能不断下降，随着 RAP 料掺量的不断增加，这种影响就凸显出来了；另外一方面，在低掺量 RAP 料热拌沥青混合料的拌制过程中，旧沥青并不能够与新沥青完全融合，且随着 RAP 料掺量的增加，这种融合更加不易。从而导致再生沥青混合料内部缺陷大量增多，疲劳寿命下降较大。

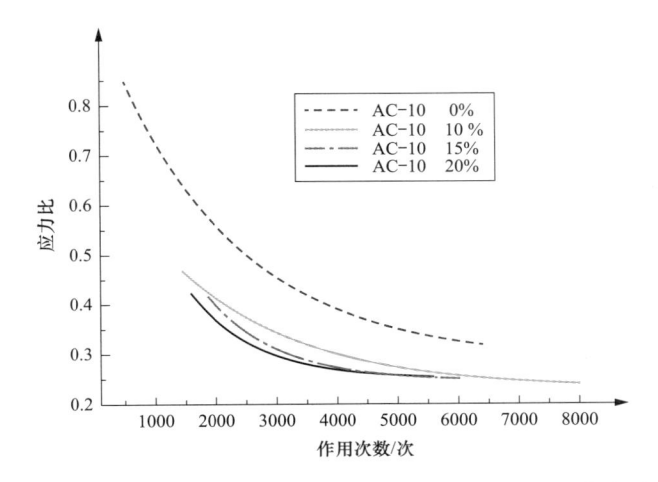

图 6-5　AC-10 不同 RAP 料掺量热拌沥青混合料疲劳曲线图

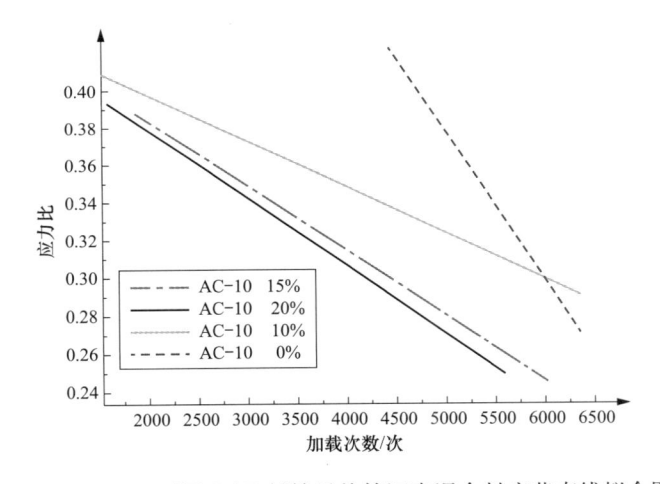

图 6-6　AC-10 不同 RAP 料掺量热拌沥青混合料疲劳直线拟合图

2. 不同 RAP 料掺量热拌沥青混合料 AC-13 的疲劳性能分析

同时也对 AC-13 低掺量 RAP 料热拌沥青混合料的试验应力比与作用次数进行线性拟合。根据表 6-3 中数据拟合可以得到不同 RAP 料掺量的疲劳方程。

RAP 料掺量为 0％时的疲劳方程为：
$$S = 0.3711 + 0.62892 e^{-0.00173 N_f} \tag{6-5}$$

RAP 料掺量为 10％时的疲劳方程为：
$$S = 0.14501 + 0.85499 e^{-3.68123 \times 10^{-4} N_f} \tag{6-6}$$

RAP 料掺量为 15％时的疲劳方程为：

$$S = 0.33173 + 0.66825e^{-3.98957\times10^{-4}N_f} \tag{6-7}$$

RAP 料掺量为 20% 时的疲劳方程为：

$$S = 0.37381 + 0.92007e^{-7.21939\times10^{-4}N_f} \tag{6-8}$$

式中　S——应力比；

N_f——加载次数，次。

则 AC-13 低掺量 RAP 料热拌沥青混合料不同掺量的疲劳方程曲线如图 6-7 所示。

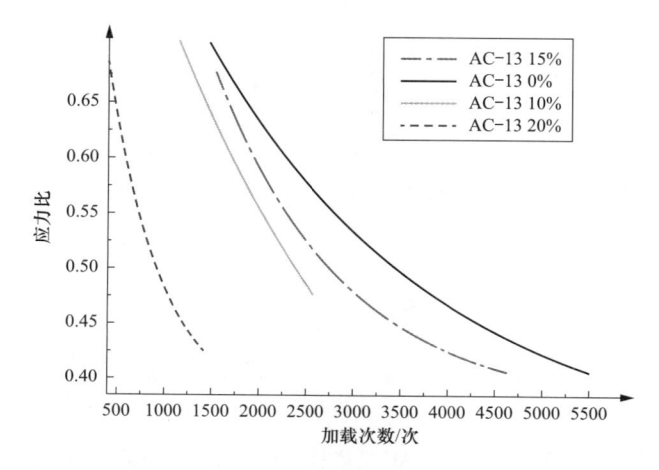

图 6-7　AC-13 不同 RAP 料掺量热拌沥青混合料疲劳曲线图

取对数所得的直线拟合方程如图 6-8 所示。

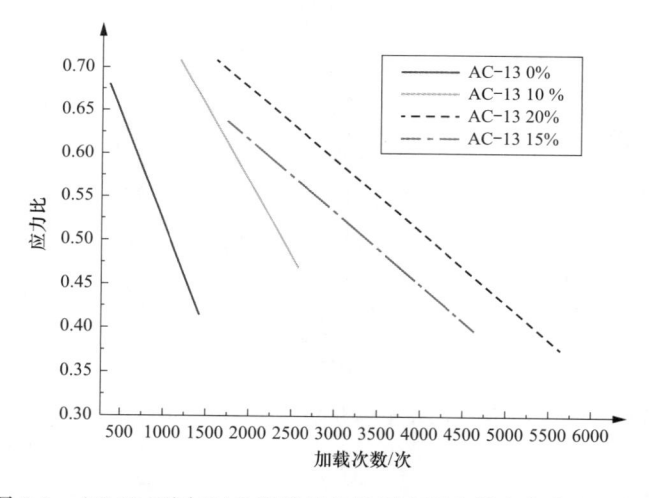

图 6-8　AC-13 不同 RAP 料掺量热拌沥青混合料疲劳直线拟合图

从以上疲劳试验结果可得如下结论：

（1）AC-13 低掺量 RAP 料热拌沥青混合料的疲劳寿命随着 RAP 料掺量的增加而增加。其原因为：AC-13 较粗的骨架结构可以容纳更多的细集料，随着旧 RAP 料掺量的增加，细料充分填充集料空隙，形成了密实结构，提供了好的抗疲劳能力。另外，沥青混合料的空隙率对疲劳寿命的影响非常大，美国 18 个州 53 项道路工程 12 年的实践经验证明，每增加 1% 的空隙率，疲劳寿命下降 40%。通过第二章给出的数据可以看出在最佳油石比的情况下，

AC-13 的空隙率随 RAP 料的掺量增加逐渐减小，因此，其疲劳寿命逐渐增加。

（2）沥青用量基本相同的情况下，普通热拌沥青混合料的疲劳性能要低于低掺量 RAP 料热拌沥青混合料。

（3）AC-13 普通沥青混合料受应力比变化的影响要高于 AC-13 低掺量 RAP 料热拌沥青混合料，说明低掺量 RAP 料热拌沥青混合料疲劳性能更加稳定。另外，低应力比时（<0.5），沥青混合料的疲劳寿命曲线走势趋于平缓。高应力比（>0.5）状态下，低掺量 RAP 料热拌沥青混合料疲劳寿命变化较大。

6.3 本章小结

本章对 AC-10、AC-13 两种类型低掺量 RAP 料热拌沥青混合料在 RAP 料掺量分别为 0%、10%、15%、20 的情况下，分别进行了四点弯曲疲劳试验，通过对试验结果进行分析，可以得到以下结论：

（1）随着 RAP 料掺量的增加，AC-10 低掺量 RAP 料热拌沥青混合料疲劳寿命次数逐渐减小；且同一应力水平下，RAP 料掺量为 0% 的新鲜沥青混合料疲劳寿命要大于 RAP 料掺量为 20% 的沥青混合料。

（2）随着 RAP 料掺量的增加，AC-13 低掺量 RAP 料热拌沥青混合料疲劳寿命次数逐渐增加，且同一应力水平下，RAP 料掺量为 0% 的新鲜沥青混合料疲劳寿命要小于 RAP 料掺量为 20% 的沥青混合料。

（3）通过应力比与疲劳寿命的关系图 6-5～图 6-8 可以看出，AC-13 低掺量 RAP 料热拌沥青混合料应力比为 0.5 左右时，沥青混合料的疲劳寿命曲线走势趋于平缓，这说明应力比 0.5 为 AC-13 沥青混合料疲劳寿命显著改变分界点。而 AC-10 低掺量 RAP 料热拌沥青混合料疲劳寿命显著改变分界点约出现在应力比为 0.35 时。

（4）高应力状态下应力比变化对低掺量 RAP 料热拌沥青混合料疲劳寿命影响较敏感。

（5）随着 RAP 料掺量的增加，混合沥青中旧沥青的比重越来越大，而新沥青的比重则相对降低，导致混合沥青的性能不断下降，随着 RAP 料掺量的不断增加，这种影响就凸显出来了，因此，AC-10 的疲劳性能随着 RAP 料含量的增大逐渐降低。

（6）对于 AC-13，由于其本身含有的粗料多，随着 RAP 料掺量的不断提高，加入的细料较多，形成更加密实的骨架结构，对疲劳性能产生了促进的作用，因此，AC-13 的疲劳性能随着 RAP 料含量的增大逐渐增大。

第 7 章 低掺量 RAP 料热拌沥青混合料生产工艺

7.1 抚顺市拌和站调研

为了保证低掺量 RAP 料热拌沥青混合料的生产，本研究考察了抚顺市两个沥青混凝土拌和站。图 7-1～图 7-9 为常规沥青拌和站混合料生产工艺设备照片，图 7-10 和图 7-11 为热再生沥青混合料 RAP 料加料和称重照片。

图 7-1 拌和站总体图

图 7-2 热骨料上料带

图 7-3 热骨料逆流式加热滚筒

图 7-4 滚筒加热装置

图 7-5　冷料（矿粉）提升装置 　　　　　　　图 7-6　沥青混合料出料口

图 7-7　新骨料初期称重装置 　　　　　　　图 7-8　沥青卧罐储存运输装置

(a)示例1　　　　　　　　　　　　　(b)示例2

图 7-9　拌和站除尘装置

(a)示例1　　　　　　　　　　　　(b)示例2

图 7-10　RAP 料系统

(a)示例1　　　　　　　　　　　　(b)示例2

图 7-11　称重拌和装置

对于常规沥青拌和站混合料的生产工艺在此不再赘述。热再生混合料生产工艺和常规沥青混合料生产工艺的最大的差别是多了 RAP 料系统。RAP 料系统是将堆放场的 RAP 料传送到提料装置，然后进入顺流式双层滚筒，加热（120℃）后进入 RAP 料储料仓，RAP 料储料仓下面是 RAP 料秤，对 RAP 料按比例进行称重。

将 RAP 料加入拌和仓之前要将 RAP 料进行顺流式双层滚筒的加热，因为通常设计的是高掺量 RAP 料，如果直接加入 RAP 料可能会导致混合料的温度急剧降低。所以，对于低掺量的 RAP 料，采用新骨料传热的方式即可。

7.2　低掺量 RAP 料热拌沥青混合料生产工艺

在传统沥青混合料生产工艺中，只是将矿料、沥青和矿粉经过拌和站拌和，形成沥青混合料。掺有 RAP 料的沥青混合料的生产需要注意以下两个问题。

（1）沥青混合料加热方式。在传统沥青混合料生产过程中，新料是通过逆流式滚筒进行加热的，逆流式是指骨料的加热方式是火焰加热，为了较快地对骨料进行加热，采用骨料在滚筒中滚动方向和火焰方向相反的方式，使火焰对着骨料滚动方向而来，提高了加热的速率。本研究中，沥青混合料掺有一定含量的 RAP 料，对 RAP 料进行直接加热，会加速其内部沥青的进一步老化，故不宜采用逆流式滚筒对 RAP 料进行加热。

为了避免上述沥青老化的矛盾，采用顺流式双层滚筒，就是将滚筒设置双层，内层用火焰加热，外层加入 RAP 料通过内层火焰间接加热，加热温度为 120℃ 左右，达到了拌和要求，同时避免了 RAP 料中的旧沥青进一步老化。

（2）RAP 料加入拌和站搅拌仓的方式，以及称重装置的设置。

我国主流拌和站为间歇式拌和站，为了保证混合料的连续生产，新骨料设有双重称重装置。经过 RAP 料的筛分表明，RAP 料也有较为稳定的级配，可以作为一个稳定的级配加入。为此可以通过调整新集料的比例来达到整体级配进入级配上、下限。所以，加入的 RAP 料可以通过称重装置进行称重，称重后不必经过振动筛而直接进入料仓。

低掺量 RAP 料热拌沥青混合料生产工艺流程如图 7-12 所示，在流程图中，1、2、3 表示往拌和器中添加集料的顺序，后面的温度指从各个料仓中出料的温度。拌和站工作流程图如图 7-13 所示。

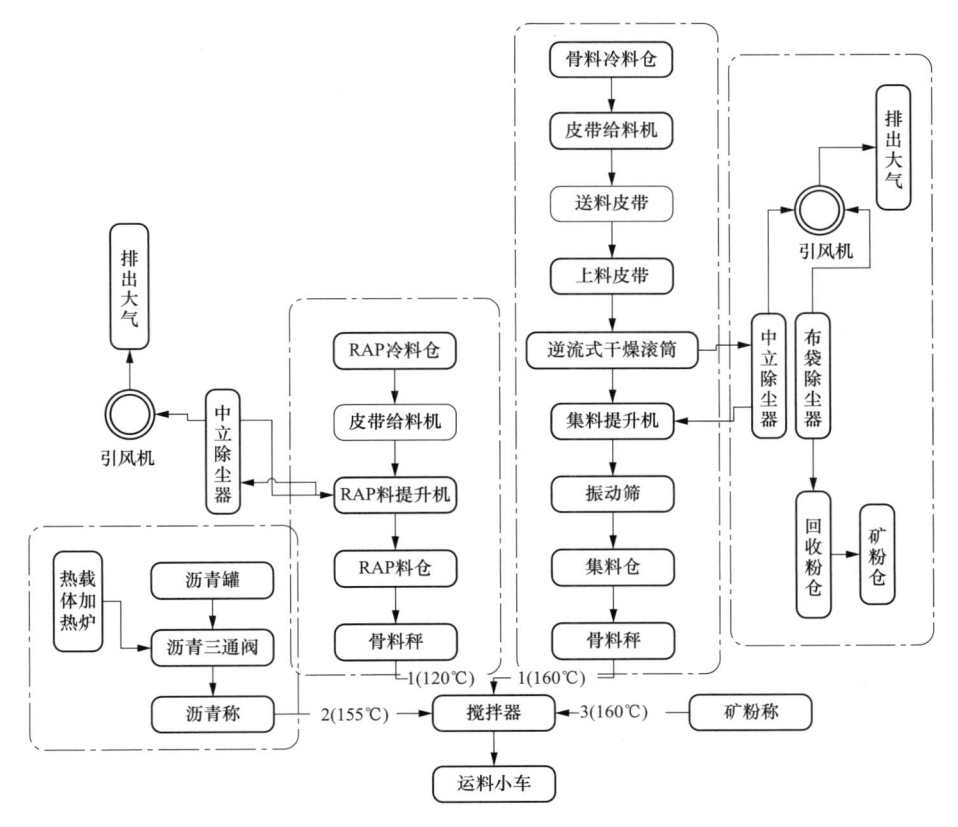

图 7-12　拌和站工作流程图

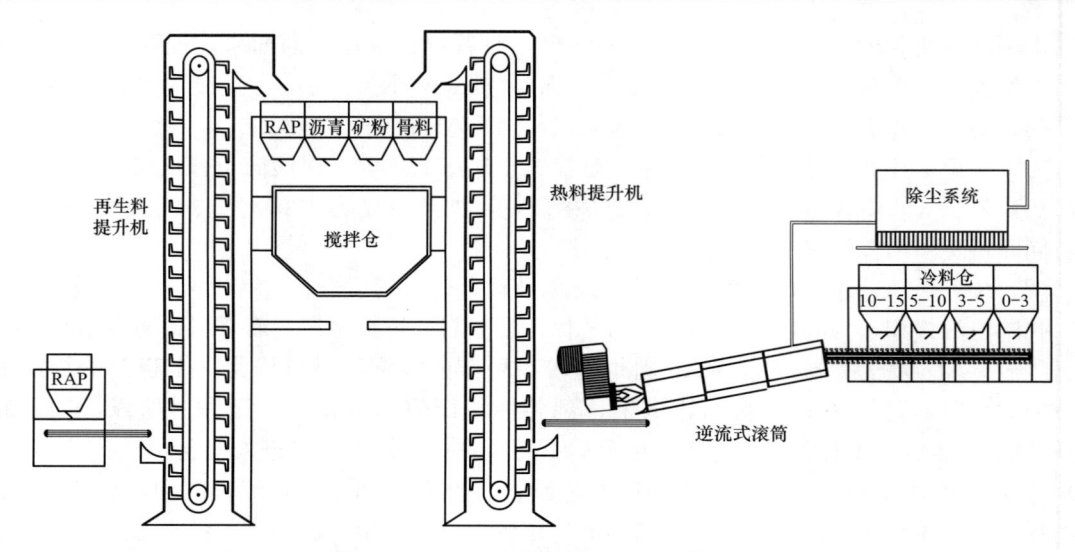

图 7-13　低掺量 RAP 料热拌沥青混合料生产拌和站设备示意图

第 8 章　低掺量 RAP 料热拌沥青混合料抗压回弹模量试验

沥青混合料的模量是路面设计过程中必不可少的参考数据，是道路面层设计和路面结构验算的根本。由于低掺量 RAP 料热拌沥青混合料中加入了废旧的 RAP 料，因此该材料与普通的 AC-10、AC-13 热拌沥青混合料性能有差异，需要对 AC-10、AC-13 低掺量 RAP 料热拌沥青混合料分别进行模量测定。我国高速公路、一级公路、二级公路的路面结构的设计指标需要参考以下数据：一是沥青混凝土层层底拉应力；二是拉应变及半刚性材料层的层底拉应力；三是路表面回弹弯沉值。三级公路、四级公路的设计指标仅为路表面设计弯沉值。

在我国通用的关于沥青道路路面设计的规范中，以 20℃ 的抗压回弹模量来计算弯沉，以 15℃ 时的抗压回弹模量来计算弯拉应力，同时规定了路面 15℃、20℃ 温度下的模量取值范围，但对于 AC-10、AC-13 两个种类的低掺量 RAP 料热拌沥青混合料的模量取值还未知。因此，对低掺量 RAP 料热拌沥青混合料进行模量测定是非常有必要的。

8.1　试件的成型

根据试验采用的方法不同，路面材料的模量可分为静模量和动模量；还可以试验场地的不同，分为室内模量和室外模量。在我国路面设计过程中选用的模量一般为静模量。通常情况下，静模量是通过路面材料应力及在对应应力下产生的对应的回弹应变计算得到的，也就是通常弹性力学中所提到的杨氏弹性模量，计算公式为：

$$E_s = \frac{\sigma}{\varepsilon} \tag{8-1}$$

式中　σ——应力，Pa；
　　　ε——应变。

按第二章确定的级配组成进行各档料的称取，并放入 160℃ 的烘箱中加热。然后取加热后的集料和沥青将其放入搅拌锅内进行拌和。以《公路工程沥青及沥青混合料试验规程》(JTG E20—2011) 中沥青混合料单轴压缩试验（圆柱体法）(T0713-2000) 的规定为标准，采用旋转压实仪法通过控制试件高度为 100mm 的模式旋转成型直径为 100mm±2mm、高为 100mm±2mm 的圆柱体试件，如图 8-1 所示。

将旋转压实成型好的试件进行脱模并在室温条件下放置 24h 进行养生以备后来试验使用。试件成型完毕图如图 8-2 所示。

(a) 备料

(b) 试样加热

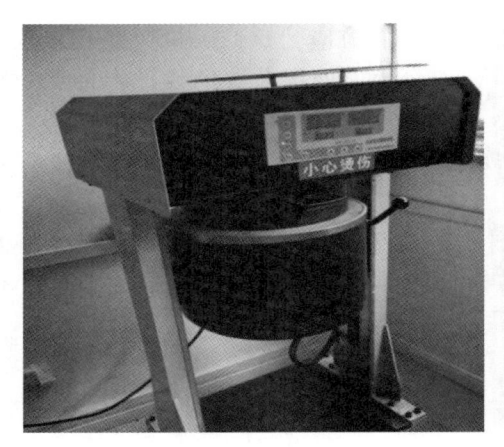

(c) 混合料拌合机

(d) 试件成型模具

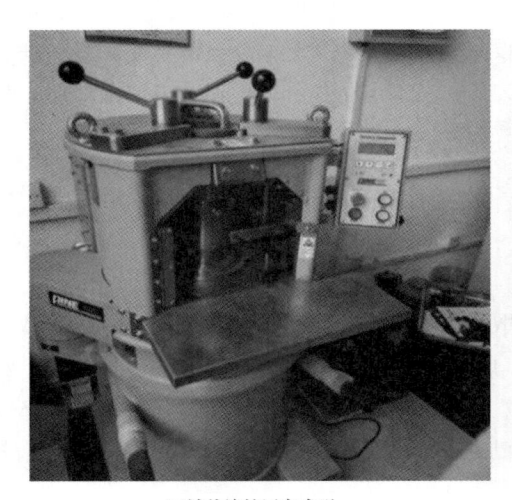

(e) 试件旋转压实成型

(f) 试件压实成型参数控制系统

图 8-1　试件成型过程图

(a)示例1　　　　　　　　　　　　　　(b)示例2

图 8-2　试件成型完毕图

8.2　试验步骤

（1）将养生后的试件放置于温度 20℃的恒温水槽中进行保温时间应大于 2.5h，位于水浴中的试件，每两个试件之间的距离应该大于 10mm。

（2）将试验机进行校对后立刻取出试件，然后放置在压力机的台座上，采用 2mm/min 的加载模式匀速加载至破坏，读取荷载峰值 P，精确到 0.01kN。

（3）确定加载级别：按上述操作对试件的抗压强度平均值 P 进行测定，将荷载进行等级的划分，分别取 $0.1P$、$0.2P$、$0.3P$、$0.4P$、$0.5P$、$0.6P$、$0.7P$ 七级作为试验荷载值；试验仪器及操作如图 8-3 所示。

（4）在试验过程中试验机以 0.5s 的时间间隔对压力和变形取值，以此得到不同分级荷载的实际加载值 P 与回弹变形值 ΔL。然后不同 RAP 料掺量 AC-10、AC-13 两种类型的低掺量 RAP 料热拌沥青混合料的抗压回弹模量按式（8-2）和式（8-3）计算。

(a)混合料试验系统　　　　　　　　　　　(b)变形测量装置

图 8-3　试验过程操作图（一）

(c)试验加载过程

图 8-3 试验过程操作图（二）

$$q_i = \frac{4P_i}{\pi d^2} \tag{8-2}$$

$$E' = \frac{q_5 h}{\Delta L_5} \tag{8-3}$$

式中 q_i——对应于不同级别试验荷载作用下的压强，MPa；

P_i——施加的不同级别荷载大小，N；

E'——抗压回弹模量，MPa；

q_5——第五级荷载（0.5P）时的荷载强度，MPa；

h——试件轴心高度，mm；

ΔL_5——第五级荷载（0.5P）时通过原点修正后的回弹变形值，mm。

8.3 试验结果及分析

本试验为研究 RAP 料添加比例与不同级配类型对于低掺量 RAP 料热拌沥青混合料回弹模量的影响，对 AC-10、AC-13 两种类型的低掺量 RAP 料热拌沥青混合料在 RAP 料添加比例分别为 0%、10%、15%、20% 的情况下对其抗压回弹模量进行了试验。其试验数据见表 8-1。

表 8-1　　低掺量 RAP 料热拌沥青混合料抗压回弹模量试验数据

级配类型	RAP料掺量	模量			平均模量
AC-10	0%	1344.94	1413.27	1181.61	1313.27
	10%	1114.6	1108.39	1312.18	1178.39
	15%	1095.18	1088.95	1232.69	1138.94
	20%	997.33	1040.28	1203.2	1080.27
AC-13	0%	1276.56	1101.71	1376.41	1251.49
	10%	1014.64	1251.09	1217.51	1161.08
	15%	1210.46	1151.71	1004.79	1122.32
	20%	1044.27	1145.9	944.5	1044.89

根据试验结果绘制图 8-4 进行试验结果分析。

（1）从图中可以看出，级配对于低掺量 RAP 料热拌沥青混合料抗压回弹模量的影响相对较小。AC-10 的抗压回弹模量要稍高于同掺量的 AC-13 低掺量 RAP 料热拌沥青混合料的模量。分析原因，是由于 AC-10 的细料较多比表面积与 AC-13 相比更大，细集料包裹的结构沥青也就相对较多，黏结性能更强。从级配上看，AC-10、AC-13 低掺量 RAP 料混合料结构类似，两者的矿料组成和油石比等非常相近，在试验选择条件一致的情况下模量差距较小。

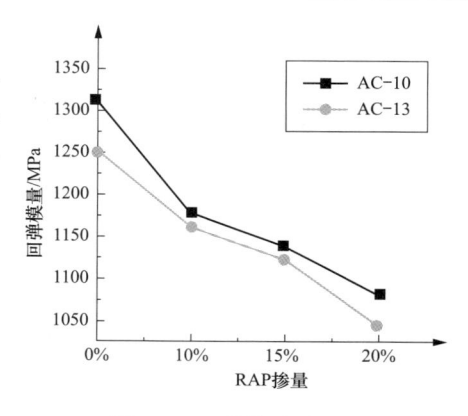

图 8-4　回弹模量对比图

（2）从 AC-10、AC-13 两种不同类型的低掺量 RAP 料热拌沥青混合料的抗压回弹模量的计算结果来看，在加入旧 RAP 料后两种类型的沥青混合料的回弹模量均随着 RAP 料掺量的增加出现了减小的趋势。且在加入 RAP 料的掺量由 10%增加到 20%的过程中，AC-10、AC-13 低掺量 RAP 料热拌沥青混合料的模量变化趋势并不是十分明显。主要是由于随着 RAP 料添加比例的不断提高，加入混合料中的旧青比例也不断增大，而发挥主要黏结作用的为新的基质沥青，随着 RAP 料掺量的增加其黏结性变差，与矿料的黏结性变弱结构中的沥青与集料的黏结出现了削弱，使其抗变形能力下降。

8.4　本章小结

（1）未掺入 RAP 料的普通 AC-10 混合料的静模量要稍高于普通 AC-13 热拌沥青混合料的静模量。从级配上看，AC-10、AC-13 两种不同类型的低掺量 RAP 料热拌混合料结构组成相差不大，矿料组成和油石比等也非常接近，在相同的试验情况下混合料的回弹模量相差不大。

（2）掺入旧路面材料，AC-10 低掺量 RAP 料热拌沥青混合料的抗压回弹模量高于同掺量的 AC-13，且两种类型的混合料的抗压回弹模量均随着 RAP 料添加比例的提高出现了逐渐变小的趋势。

（3）在 AC-10、AC-13 两种不同类型的普通沥青混合料中掺入 10%的 RAP 料时，其抗压回弹模量下降明显，而 RAP 料的掺量由 10%增加到 20%的过程中，两种混合料的模量变化并不是十分明显。

第 9 章 低掺量 RAP 料热拌沥青混合料试验路工程

为了验证低掺量 RAP 料热拌沥青混合料路用性能，铺筑两个试验路段，一个是位于抚顺市新宾县的偏小线（农村公路），一个是位于新宾县县内的通武线（干线公路）。本章就试验路前期调研、试验路路面结构方案和结构验算，以及后期路面使用性能检测情况进行介绍。

9.1 试验路工程前期调研

9.1.1 通武线试验路前期调研

1. 通武线试验路概况

试验路选择在通武线（K207+000—K210+300），里程 3.3km，位于新宾县县城内，原为省内二级公路，现改为国道。经调研该路段为双向六车道，交通量大且交通组成复杂，单向的中间车道重载车辆通过较多。

经调研，原路面出现了不同层次的车辙、横纵裂缝，需要进行中修。路面铣刨情况如图 9-1 所示。

(a)实景1　　　　　　　　　　　(b)实景2

图 9-1 通武线（新宾县城内）路面铣刨情况

2. 通武线交通量调研

（1）日交通量。

按照《公路沥青路面设计规范》（JTG D50—2017）要求，2 轴 6 轮以上的车辆加入统计，调研结果见表 9-1，车辆类型为 12、15、17、117 的进入统计，所以 2 轴 6 轮及以上车辆的双向年平均日交通量（annual average daily two-way traffic volume，AADTT）为1250（辆/天）。

表 9-1　　　　　　　　　　　　交通量统计

车辆类型	车辆类型	龙城桥-新宾镇 流量/辆	东江沿-新宾镇 流量/辆	合计
中小客车	11	668	3657	4325
大客车	12	24	293	356
小货车	11	83	326	409
中货车	12	105	118	323
大货车	15	72	182	354
特大货车	17	1	196	197
集装箱	127	1	19	20

（2）方向系数的确定。

按照《公路沥青路面设计规范》（JTG D50—2017），方向系数（daily directional factor，DDF）在0.5~0.6取值，此处取值为0.55。

（3）车道系数的确定。

《公路沥青路面设计规范》（JTG D50—2017）中车道系数的确定按表9-2执行。

表 9-2　　　　　　　　　　　　车 道 系 数

单向车道数	1	2	3	≥4
高速公路	—	0.70~0.85	0.45~0.60	0.40~0.50
其他等级公路	1	0.50~0.75	0.50~0.75	—

通武线是双向六车道，因此车道系数在0.40~0.50，LDF=0.45。

（4）车辆类型分布系数的确定。

按照《公路沥青路面设计规范》（JTG D50—2017）A.2.6中的要求，对于车辆类型分布系数按照三个水平进行确定，根据对交通观测资料的分析，本项目的车辆类型分布系数应采用第一水平。计算除去中小客车和小货车以外的车辆所占总车辆比例。车辆类型分布系数（vehicles category distributed factor，VCDF）确定如下：

VCDF12=(356+323)/1250=0.54，VCDF15=0.283，VCDF17=0.158，VCDF127=0.016。

（5）车辆当量轴载换算。

车辆当量轴载换算采用第二水平计算，超载比例按0.45计算。表9-3为车辆当量轴载换算系数，按式（9-1）计算当量轴载换算。

$$EALF_m = EALF_{mh} \times PER_{ml} + EALF_{mh} \times PER_{mh} \tag{9-1}$$

式中　$EALF_{mh}$——m类车辆中非超载车的当量轴载换算系数；

　　　PER_{ml}——m类车辆中非超载车所占百分比；

　　　$EALF_{mh}$——m类车辆中超载车的当量轴载换算系数；

　　　PER_{mh}——m类车辆中超载车所占百分比。

所以，$EALF_{12}=0.4\times0.55+5.6\times0.45=2.75$；同理，$EALF_{15}=4.455$；$EALF_{17}=$

5.965；$EALF_{127}=6.615$。

表 9-3　　　　　　　　　　　　车辆当量轴载换算系数

车型	说明	车型示意图	路基永久变形 非超载车	路基永久变形 超载车	沥青层永久变形 非超载车	沥青层永久变形 超载车
12	大客车、中货车		0.4	5.6	0.4	4.1
15	大货车		0.9	8.8	0.7	4.2
17	特大货车		0.7	12.4	0.6	6.3
127	集装箱		1.8	12.5	1.4	6.7

（6）设计车道当量轴载累计作用次数。

由以上的参数确定，首先进行日平均当量轴次 N_1 的计算，见式（9-2）。

$$N_1 = AADTT \times DDF \times LDF \times \sum(VCDF_m \times EALF_m) \quad (9-2)$$

所以，$N_1=1250\times0.55\times0.65\times(2.44\times0.54+2.63\times0.28+3.74\times0.16+4.315\times0.02)=1224$（次/日）

通武线道路设计期为 12 年，根据 2017 年我国智能交通行业市场概况及发展趋势分析可知我国年平均机动车复合型增长量为 8%左右。所以，设计当量轴载累计作用次数用公式（9-3）进行计算。

$$Ne = \frac{[(1+\gamma)^t - 1] \times 365}{\gamma} N_1 \quad (9-3)$$

式中　Ne——设计使用年限内设计车道上的当量设计轴载累计作用次数，次；

　　　T——设计使用年限，年；

　　　γ——设计使用年限内交通量的年平均增长率；

　　　N_1——初始年设计车道日平均当量轴次，次/d。

经计算可得沥青层永久变形和沥青层疲劳开裂设计当量轴载累计作用次数 $Ne=8.4783\times10^6$ 次。设计年限内累计大型客货车交通量为 8.66×10^6 辆，由《公路沥青路面设计规范》（JTG D50—2017）交通荷载划分等级可知，通武线为重交通路段。

9.1.2 偏小线试验路前期调研

1. 工程概况及原路面状况检测

偏小线位于新宾县内,四级公路,并且沿河修建,原路面病害严重。偏小调研路面病害情况如图 9-2 所示。

(a)网裂照片　　(b)横向裂缝照片　　(c)车辙照片

(d)水损害照片　　(e)坑槽照片1　　(f)坑槽照片2

图 9-2　偏小线路面病害

该路段呈中度网裂(裂缝块度>100mm,裂缝宽度<3mm),全程每隔 3～5m 分布有中度横向裂缝(裂缝宽度<3mm)。另外,有多处坑槽和严重车辙,在临河路段出现路基失稳,水损害明显,水损害宽度约 1.5m,长度为 30m。路面病害示意图如图 9-3 所示。

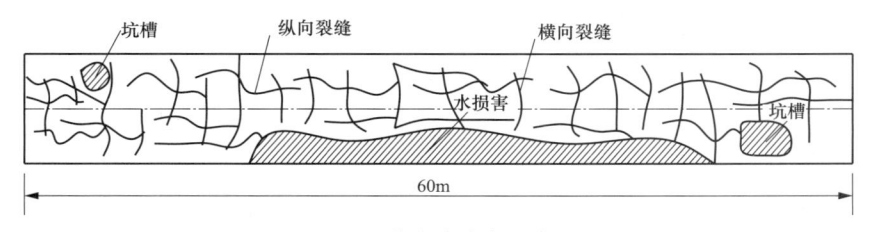

图 9-3　偏小线病害示意图

综上所述,偏小线道路病害严重,需要进行大修。

2. 偏小线交通量调研

根据现场调研和访问,该条路线交通量较小,主要为中小型客货车,大型货车较少。其中,中货车152辆、大客车134辆、小货车256辆、小客车365辆,则AADT=286辆。$N_1=255$次,从保守的角度验收该试验路段的路面结构,取设计年限(8年)内大中型客货车交通量为100万辆,属于第三水平,计算按照沥青永久变形验算时的设计年限内累计标准轴载作用次数为$Ne=888784$次。

9.2 试验路设计方案

9.2.1 通武线试验路设计方案

为了更直观对比低掺量RAP料沥青路面和一般热拌沥青路面在路用性能上的差别,将低掺量RAP料热拌沥青混合料分别安排在单向的中间车道和内侧车道,试验路段示意图如图9-4所示。

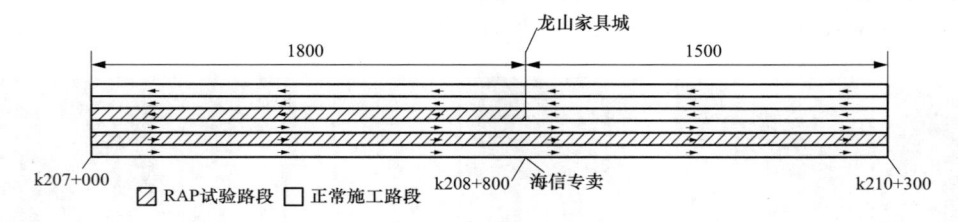

图9-4 试验路段示意图

在通武线公路维修改造工程K207+000—K210+300段,原路面结构为3cm改性沥青混凝土+4cm普通沥青混凝土+2cm热拌沥青混合料(原7cm路面铣刨后剩余2cm)。现将其调整为3cm改性沥青混凝土+4cm低掺量(RAP料量为20%)RAP料热拌沥青混凝土+2cm热拌沥青混合料(原7cm路面铣刨后剩余2cm),改造前后路面结构如图9-5和图9-6所示。

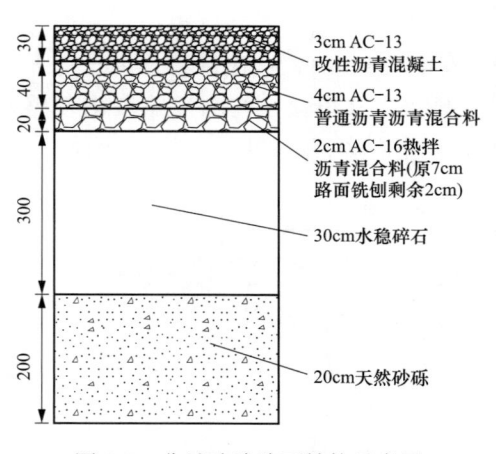

图9-5 非试验路路面结构示意图

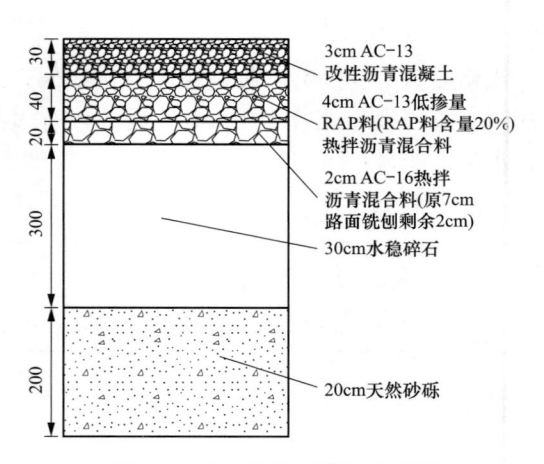

图9-6 试验路路面结构示意图

9.2.2 偏小线试验路设计方案

由于偏小线属于县级公路，根据偏小线公路维修改造工程概况，该试验路段位于大四平镇与小四平镇之间，原来设计为 3cm 普通沥青混凝土罩面，现经表面局部处理后，加铺 3cm 低掺量 RAP 料热拌沥青混合料，RAP 料掺量为 10%。中修前后的路面结构见图 9-7 和图 9-8。

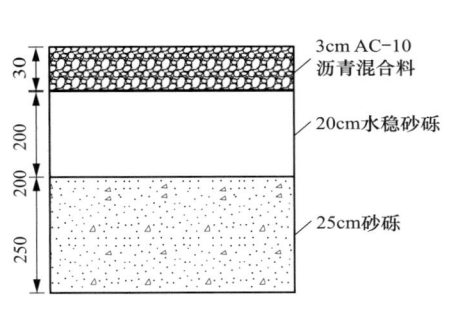

图 9-7 偏小线原路面结构

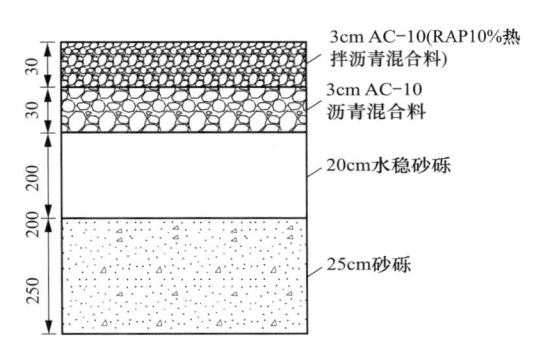

图 9-8 中修后路面结构

9.3 试验路结构设计验证

9.3.1 通武线试验路路面结构验算

1. 沥青层永久变形验证

（1）路面结构设计参数的确定。

低掺量 RAP 料热拌沥青混合料的静回弹模量试验结果见表 9-4。表中可知，该种材料的静回弹模量和热拌沥青混合料的静回弹模量相当。为此，低掺量 RAP 料热拌沥青混合料的动回弹模量取值可以参照常规热拌沥青混合料的动回弹模量。

按照《公路沥青路面设计规范》（JTG D50—2017）所推荐的沥青路面材料设计参数范围，取中值。具体参数见表 9-5。

表 9-4　　　　　　　　　　AC-13 20%的静回弹模量

级配类型	RAP料掺量	模量						均值
AC-13	20%	6544	6500	6450	6550	6510	6523	6598

表 9-5　　　　　　　　　　路面结构设计参数

结构层	材料类型	厚度/mm	模量/MPa	泊松比
面层	AC-13（SBS改性沥青）	30	11000	0.25
	AC-13（RAP料掺量为20%）	40	6500	0.25
	AC-16（低标号石油沥青）	20	10000	0.25
基层	水稳砂砾	300	15000	0.35
垫层	天然砂砾	200	180	0.35
路基	土基	—	60	0.4

（2）等效温度的计算。

根据规范要求，高速公路和一级公路宜根据沥青层轮辙试验总变形量 R_0 分析沥青层永久变形，并根据永久变形分析结果和容许车辙深度要求提出沥青混合料动稳定度技术要求。

沥青层容许永久变形量可根据路面容许车辙深度确定。对于无机结合料类基层沥青路面和底基层采用无机结合料类材料的沥青稳定类基层沥青路面，沥青层容许永久变形量等于路面容许车辙深度；对于粒料类基层沥青路面和底基层采用粒料的沥青稳定类基层沥青路面，可根据路面容许车辙深度和结构层永久变形比例计算沥青层容许永久变形量。

根据轮辙试验总变形量 R_0 分析沥青层永久变形时，路面等效温度应按式（9-4）计算。

$$T_{pef} = 0.0028T_\xi^2 + 0.952T_\xi + 0.0236h_a + 2.60 \tag{9-4}$$

式中　T_{pef}——路面等效温度，℃；

　　　h_a——沥青层厚度，mm；

　　　T_ξ——温度参数，按式（9-5）计算。

$$T_\xi = \mu T_a + 0.30\Delta T_{a,mon} \tag{9-5}$$

　　　μT_a——所在地区年平均气温，℃；

　　　$\Delta T_{a,mon}$——所在地区月均气温年极差，℃，为最热月平均气温和最冷月平均气温差。

根据调查，试验路所在地区温度参数见理见表 9-6。

表 9-6　　　　　　　　　　试验路温度参数汇总

试验路温度	年平均气温	6.5℃
	近 10 年最低气温平均值	−26.7℃
	月平均最低气温	−12.2℃
	月平均最高气温	25.2℃
	月均气温年极差	37.2℃
沥青层永久变形等效温度		22.4℃

（3）沥青层永久变形的计算和验算。

按照下列要求对沥青层进行分层，分别计算各分层的永久变形量：

1）表面层，采用 10～20mm 为一分层；

2）第二层沥青层，采用 20～25mm 为一分层；

3）第三层沥青层，厚度不大于 100mm 时作为一个分层，大于 100mm 时等分为两个分层；

4）第四层及其以下沥青层，作为一个分层。

应按式（9-6）计算各分层永久变形量，沥青层永久变形量为各分层永久变形量之和。

$$R_a = 2.31 \times 10^{-8} k_{Ri} T_{pef}^{2.93} p_i^{1.80} N_{e3}^{0.48} (h_i/h_0) R_{0i} \tag{9-6}$$

式中　R_a——沥青层分层永久变形量，mm；

　　　R_{ai}——第 i 层永久变形量，mm；

　　　n——分层数；

　　　T_{pef}——沥青混合料层永久变形等效温度，℃；

　　　N_{e3}——设计使用年限内或通车至首次针对车辙维修的期限内，设计车道上当量设计轴载累计作用次数；

　　　h_i——第 i 分层厚度，mm；

　　　h_0——车辙试验试件的厚度，mm；

R_{0i}——第 i 分层沥青混合料在试验温度为 60℃，压强为 0.7MPa，加载次数为 2520 时，车辙试验永久变形量，mm；

k_{Ri}——综合修正系数，按式（9-7）～式（9-9）计算。

$$k_{Ri} = (d_1 + d_2 \cdot z_i) \cdot 0.9731^{z_i} \quad (9\text{-}7)$$

$$d_1 = -1.35 \times 10^{-4} h_a^2 + 8.18 \times 10^{-2} h_a - 14.5 \quad (9\text{-}8)$$

$$d_2 = 8.78 \times 10^{-7} h_a^2 - 1.50 \times 10^{-3} h_a + 0.9 \quad (9\text{-}9)$$

式中 z_i——沥青混合料层第 i 层深度（mm），对第一分层取 15mm，其他分层为路表距沥青分层中点的深度；

h_a——沥青层厚度（mm），h_a 大于 200mm 时，取 200mm；

p_i——沥青混合料层第 i 分层顶面竖向压应力（MPa）。

根据弹性层状体系理论，按规范选取计算点，按式（9-10）和式（9-11）计算。

$$p_i = p\bar{p}_i \quad (9\text{-}10)$$

$$\bar{p}_i = f\left(\frac{h_1}{\delta}, \frac{h_2}{\delta}, \cdots, \frac{\bar{h}_{n-1}}{\delta}; \frac{E_2}{E_1}, \frac{E_3}{E_2}, \cdots, \frac{E_0}{E_{n-1}}\right) \quad (9\text{-}11)$$

根据经验初步设定三种沥青混合料轮辙试验变形深度 R_0，见表 9-7。

根据规范规定的分层方法，各沥青层按下列层厚共分为 5 个分层：

30mmSBS 改性沥青 AC-13 表面层，分为 15mm+15mm 的 2 层；

40mm 低掺量 RAP 料热拌沥青混合料 AC-13 中面层，分为 20mm+20mm 的 2 层；

20mm 低标号沥青 AC16 下面层，分为 1 层。

分别计算设计荷载作用下各分层顶部的竖向压应力，以上 5 个分层应力分别标识为 P_1～P_6，结果见表 9-8。

表 9-7　　　　　　　　　　　　　混合料 R_0 取值　　　　　　　　　　　　　　　mm

材料类型	轮辙试验总变形深度 R_0
AC13（SBS 改性沥青）	1.702
AC13（低掺量 RAP 料热拌沥青混合料）	2.223
AC16（低标号沥青）	3.963

表 9-8　　　　　　　　　　　分层顶部压应力计算结果　　　　　　　　　　　　MPa

P_1	P_2	P_3	P_4	P_5	P_6
0.7016	0.7034	0.6996	0.6594	0.5989	0.5256

根据式（9-8）和式（9-9），$h_a = 90$mm，则 $d_1 = -7.34$，$d_2 = 0.748$。根据以上分层方法，自上而下各分层的中点深度取值分别为 15mm、22.5mm、40mm、60mm 和 80mm，根据 d_1 和 d_2 的计算结果，代入式（9-7），可得到 5 个分层的永久变形修正系数取值，见表 9-9，分别以 K_1～K_5 表示。

表 9-9　　　　　　　　　　各分层的修正系数 K_i 计算结果

K_1	K_2	K_3	K_4	K_5
2.225	4.949	7.6107	7.4185	6.043

5 个分层的永久变形分别以 R_1～R_5 表示，根据以上各参数的分析计算，采用式（9-6）

计算各分层永久变形量。

第 1 分层永久变形 R_1：

$$R_{a1} = 2.31 \times 10^{-8} k_{Ri} T_{pef}^{2.93} p_i^{1.80} N_{e3}^{0.48} (h_i/h_0) R_{0i}$$
$$= 2.31 \times 10^{-8} \times 2.225 \times 22.4^{2.93} \times 0.7016^{1.8} \times (8.65 \times 10^6)^{0.48} \times (15/50) \times 1.702$$
$$= 0.269 \text{mm}$$

同 R_1 计算方法，分别计算得到第 2 层至第 6 层的永久变形量为 $R_2=0.5963$mm，$R_3=1.634$mm，$R_4=1.592$mm，$R_5=2.312$mm。各层永久变形累加得到沥青层总车辙深度 $R=R_1+R_2+R_3+R_4+R_5=6.403$mm，满足容许车辙深度小于 20mm 的要求。

2. 沥青混合料低温开裂性能验证

季节性冰冻地区沥青混合料低温性能可按式（9-12）分析面层低温开裂指数 CI，并根据开裂指数分析结果和设计要求提出沥青的低温技术指标要求。

$$CI = 1.95 \times 10^{-3} S_t \lg b - 0.075(T + 0.07 h_a) \lg S_t + 0.15 \quad (9-12)$$

式中 CI——沥青面层低温开裂指数；

T——路面低温设计温度，℃，为连续 10 年年最低气温平均值；

S_t——路面低温设计温度加 10℃试验温度条件下，沥青弯曲梁流变试验加载 180s 时蠕变劲度，MPa；

h_a——沥青层厚度，mm；

b——路基类型参数（砂 $b=5$，粉质黏土 $b=3$，黏土 $b=2$）。

试验路处于我国北方季节性冰冻地区，需进行低温开裂分析。抚顺地区近 10 年最低温度平均值 T 为 -26.7℃。在 -16.7℃条件下进行沥青弯曲流变试验，测得表面层改性沥青的劲度模量 S_t 为 100MPa。路基填料为粉质黏土，路基类型参数 $b=2$，沥青层厚度 $h_a=90$mm。

将以上参数代入式（9-12），计算得到开裂指数 $CI=3.405$，满足二级公路对开裂指数 5.0 的要求。

综合以上分析，沥青层永久变形和路面低温裂缝指数满足《公路沥青路面施工技术规范》（JTG F40—2004）要求，沥青路面结构分析结果见表 9-10。

表 9-10　　　　　　　　　　沥青路面结构分析结果

设计指标	容许值	计算值
沥青层永久变形	20mm（二级、三级公路）	7.183mm
路面低温裂缝指数 CI	5.0（二级公路） 3.0（高速、一级公路）	3.405

3. 疲劳性能验证

（1）路面结构及参数。

根据通武线的路面调研情况，设计的路面结构如图 9-9 所示根据此结构形式，路面结构层的总厚度为 0.63m。有限元计算仍依据《公路沥青路面设计规范》（JTG D50—2017）的弹性层状体系，各层结构完全连续[57]。在三维有限元建模时，路面结构模型的三维尺寸设定为 6m×3m×3m，即在纵向上长度为 6m，在横向上长度为 3m，在竖向上深度为 3m。根据图 5-7 所示结构形式，路面面层的总厚度为 63cm（不包含土基在内）。进行有限元计算依据该规范中的弹

第 9 章 低掺量 RAP 料热拌沥青混合料试验路工程

性层状体系，各层结构完全连续。在有限元软件中进行三维建模如图 9-10 所示。

在材料上，由于计算采用弹性体系，因此输入模量和泊松比两参数。因为新的《公路沥青设计规范》（JTG D50—2017）已于 2017 年 9 月正式实施，在规范中对沥青面层的分析及验证均采用动态模量。此外，材料的动态模量会随着温度及加载频率的变化而变化，因此确定各层材料的模量参数是十分必要的，于是根据第四章给出的低掺量 RAP 料混合料的模量进行拟定，其他各层则按照《公路沥青设计规范》（JTG D50—2017）拟定。则路面结构层设计参数见表 9-11。

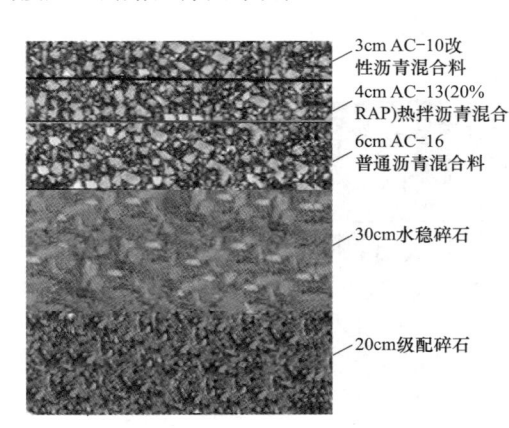

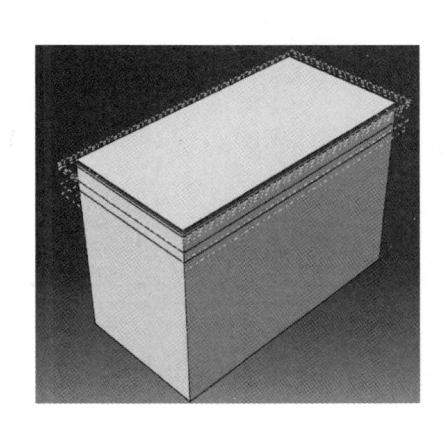

图 9-9 路面结构图

表 9-11 路面结构层设计参数

结构层	材料类型	厚度/mm	模量/MPa	泊松比
面层	AC-13（SBS 改性沥青）	30	1600	0.25
	AC-13（RAP 料掺量为 20%）	40	1044	0.25
	AC16（低标号石油沥青）	60	1500	0.25
基层	水稳碎石	300	1700	0.25
底基层	级配碎石	200	250	0.35
路基	土基	—	60	0.4

在对模型进行结构层划分时，不采用分层建模、设置层间接触条件再进行装配的方法，而是通过设置数据点及辅助面将整体模型进行剖分的方法来实现，剖分出来的结构层之间是完全连续的接触状态，易于模型的收敛。将剖分后的结构层赋予其设计参数，示意图如图 9-10 所示。

（2）荷载及边界条件。

1）轮胎接触面积确定。

模拟中一般都以胎压作为接触压力，轮胎和路面接触形式近似于椭圆，因其长轴与短轴差距不大所以工程设计中往往以圆形接触面积来计算，将车轮荷载转化为圆形均布荷载。双圆荷载等效示意图如图 9-11 所示，等效以后矩形荷载长为 19.2cm，宽为 18.4cm，间距为 13.5cm。

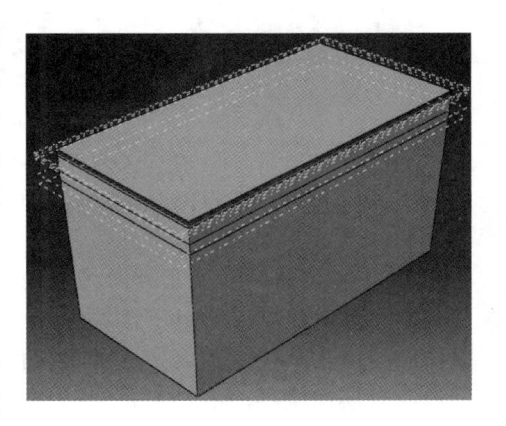

图 9-10 赋予设计参数示意图

为更加真实地模拟现实的路面状态，在路表施加移动荷载。实际车辆以一定的速度行驶，其对路面的作用荷载随车辆行驶位置的变化而变化。为简化计算，假设汽车在匀速行驶时，车轮对路面作用为垂直均布矩形荷载，以此考虑车辆竖向荷载的作用。移动荷载通过外编程序实现。建立如图 9-12 所示的荷载带，移动带宽度同荷载作用宽度，长度为车辆行驶距离。本研究铺筑的通武线属于一级道路，于是假设车辆行驶的速度为 80km/h，沿行驶方向设置移动带，为计算方便，设置行驶长度为车轮的整倍数。在边界条件的设定上，在模型的底面将边界条件设置为三向固定，如图 9-13 所示。网格划分示意图如图 9-14 所示。

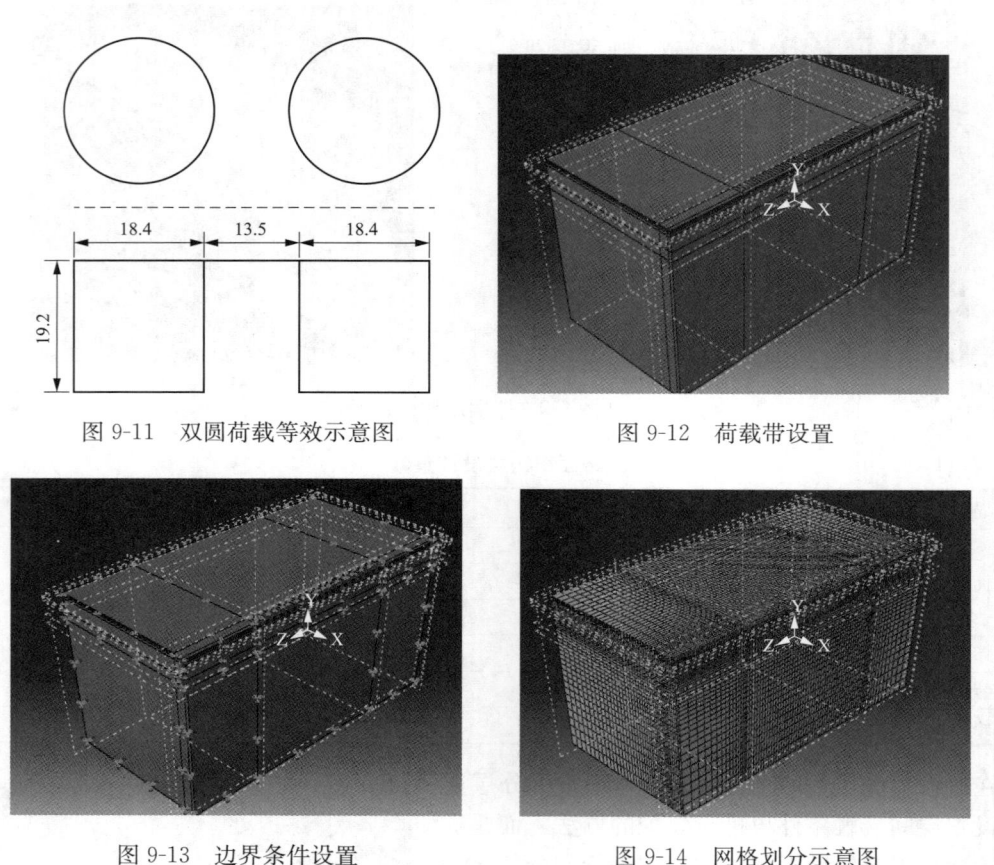

图 9-11 双圆荷载等效示意图

图 9-12 荷载带设置

图 9-13 边界条件设置

图 9-14 网格划分示意图

2）结果分析。

由于本次模拟主要目的是对于通武线的疲劳寿命进行验证所以只观察计算结果的竖向应变，计算所得云图如图 9-15 所示。

图 9-15 中显示了沿行车方向的竖向应变分布云图。从应变云图可以看出，该路面结构在其上面层为受压状态，其下面层处于受拉状态。从整体来看，路面结构沥青层内的竖向应变以拉应变为主，受拉程度较大的层，位于中、下面层。

对沥青层面层层底的单元位进行竖向应变的数据采集。采集结果如图 9-16 所示，可以看到沥青层层底以拉应力为主，且当车轮行驶至该单元上方时，即采集单元位于轮载下方时，出现最大拉应变值。将其最大值进行汇总，绘制如图 9-17 所示的曲线，即单轮矩形荷载在各分析步时间产生的最大拉应变值。

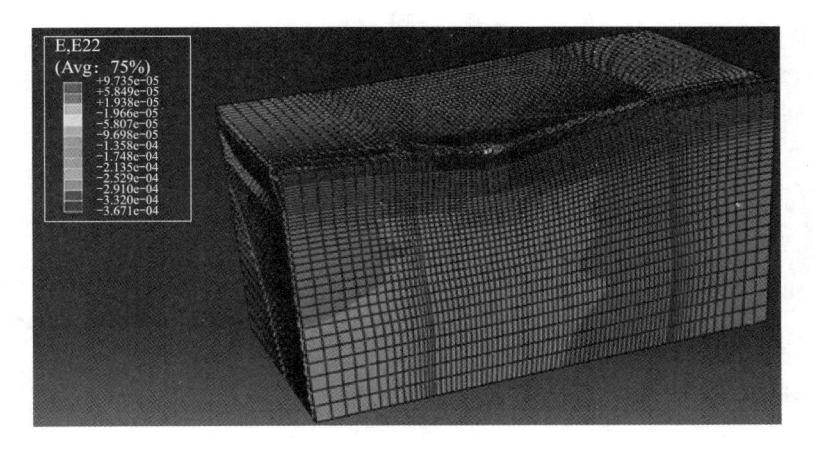

图 9-15　计算应变云图

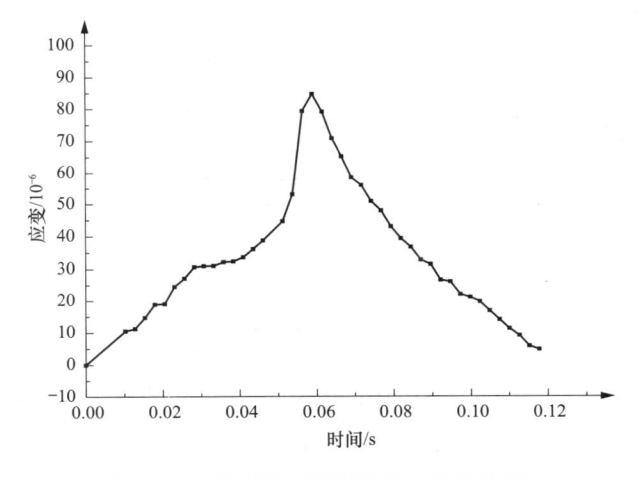

图 9-16　沥青层面层层底拉应变变化图

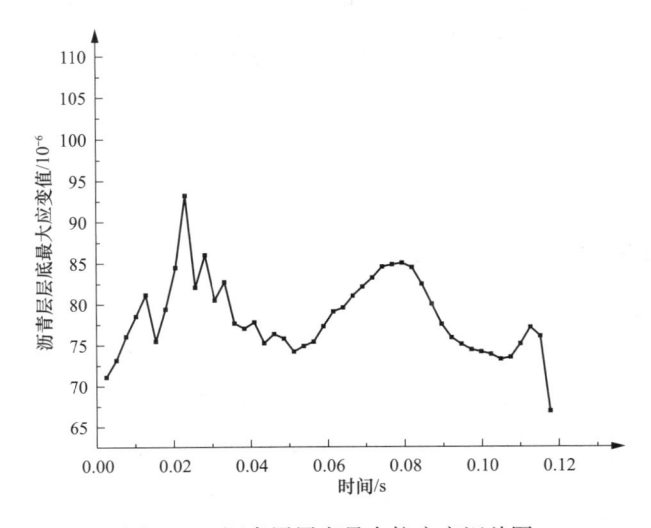

图 9-17　沥青层层底最大拉应变汇总图

3）沥青混合料层疲劳开裂验算。

沥青混合料层的疲劳开裂寿命应根据有限元软件分析得到的混合料层层底的拉应变带入式（9-12）对疲劳寿命值进行计算。

$$N_{f1} = 6.32 \times 10^{15.96-0.29\beta} k_a k_b k_{T1}^{-1} \left(\frac{1}{\varepsilon_a}\right)^{3.97} \left(\frac{1}{E_a}\right)^{1.58} (VFA)^{2.72} \quad (9-13)$$

式中 N_{f1}——沥青层疲劳开裂寿命（轴次）；
   β——目标可靠指标；
   k_a——季节性冻土地区调整系数（见表 9-12）；
   k_b——疲劳加载模式系数，按式（5-14）确定：

$$k_b = \left[\frac{1+0.3E_a^{0.43}(VFA)^{-0.85}e^{0.024h_a-5.41}}{1+e^{0.024h_a-5.41}}\right]^{3.33} \quad (9-14)$$

式中 E_a——20℃时的动态压缩模量，MPa；
  VFA——沥青饱和度，%；
  h_a——沥青混合料层厚度，mm；
  k_{T1}——温度调整系数；
  ε_a——沥青层层底拉应变，10^{-6}。

表 9-12 季节性冻土地区调整系数 k_a

冻区	重冻区	中冻区	轻冻区	其他地区
冻结指数 F(℃·d)	2000	2000~800	800~50	50
k_a	0.6~0.7	0.7~0.8	0.8~1.00	1

抚顺地区属于中冻区所以冻结指数 K_a 取 0.75。根据第二章的低掺量 RAP 料混合料的配合比通过马歇尔试验测得 AC-13（RAP 料掺量为 20%）的混合料 VFA 为 76.2。求得：

$$k_b = \left[\frac{1+0.3 \times 9097^{0.43} \times 76.2^{-0.85}e^{0.024 \times 130-5.41}}{1+e^{0.024 \times 130-5.41}}\right]^{3.33} = 0.822$$

β 通过查表可知可靠度为 85%，可靠指标为 1.04。k_{T1} 根据永久变形的温度调整系数取值为 1.06。ε_a 通过 ABAQUS 软件模拟分析，取沥青层底最大拉应变中的最大值，将各参数代入式（9-12）计算出：

$$N_{f1} = 6.32 \times 10^{15.96-0.29 \times 1.04} \times 0.75 \times 0.822 \times 1.06^{-1} \times \frac{1}{93.2}^{3.97} \times \frac{1}{9097}^{1.58} \times 76.2^{2.72}$$
$$= 1.86 \times 10^7 \text{ 次}$$

9.3.2 偏小线试验路路面结构验算

1. 路面结构设计参数的确定

低掺量 RAP 料热拌沥青混合料的静回弹模量试验结果，见表 9-13。表中可见该种材料的静回弹模量和热拌沥青混合料的静回弹模量相当。为此，低掺量 RAP 料热拌沥青混合料的动回弹模量取值可以参照常规热拌沥青混合料的动回弹模量。

表 9-13 AC-10 10%的静回弹模量

级配类型	RAP 料掺量	模量/MPa						均值/MPa
AC-10	10%	6931	7098	7021	7199	7120	7005	6734

按照《公路沥青路面设计规范》(JTG D50—2017) 推荐的沥青路面材料设计参数范围，取中值。具体参数见表 9-14。

表 9-14　　　　　　　　　　　路面结构设计参数

结构层	材料类型	厚度/mm	模量/MPa	泊松比
面层	AC10（RAP料掺量为10%）	30	7000	0.25
	AC10（低标号石油沥青）	30	10000	0.25
基层	水泥稳定砂砾	200	15000	0.35
底基层	砂砾	250	180	0.35
路基	土基	—	50	0.4

2. 沥青层永久变形验证

根据经验初步设定三种沥青混合料轮辙试验变形深度 R_0，见表 9-15。

表 9-15　　　　　　　　　　　混合料 R_0 取值

材料类型	轮辙试验总变形深度 R_0/mm
AC10（低掺量RAP料热拌沥青混合料）	3.727
AC10（低标号沥青）	3.963

根据《公路沥青路面设计规范》(JTG D50—2017) 规定的分层方法，各沥青层按下列层厚共分为 5 个分层：

30mm 低掺量 RAP 料热拌沥青混合料 AC-10 表面层，分为 15mm+15mm 的 2 层；

40mm 低标号沥青 AC16 下面层，分为 20mm+20mm 的 2 层；

分别计算设计荷载作用下各分层顶部的竖向压应力，以上 4 个分层应力分别标识为 P1～P5，结果见表 9-16。

表 9-16　　　　　　　　　分层顶部压应力计算结果　　　　　　　　　　　MPa

P_1	P_2	P_3	P_4
0.7016	0.6998	0.6885	0.651

根据式 (9-7) 和式 (9-8)，$h_a=70$mm，则 $d_1=-9.4355$，$d_2=0.7093$。根据以上分层方法和式 (9-4) 规定的取值规则，自上而下各分层的中点深度取值分别为 15mm、30mm、45mm、60mm，根据 C_1 和 C_2 的计算结果，代入式 (9-10)，可得到 4 个分层的永久变形修正系数取值，见表 9-17，分别以 K_1～K_4 表示。

表 9-17　　　　　　　　　各分层的修正系数 K_i 计算结果

K_1	K_2	K_3	K_4
0.799	3.53	6.363	6.658

4 个分层的永久变形分别以 R_1～R_4 表示，根据以上各参数的分析计算，采用式 (9-6) 计算各分层永久变形量。

以累计当量轴次为依据计算时，第 1 分层永久变形 $R_1=0.079$，分别计算得到第 2 层至第 4 层的永久变形量分别为 $R_2=0.35$mm，$R_3=0.9$mm，$R_4=0.93$mm。

各层永久变形累加得到沥青层总车辙深度 $R=R_1+R_2+R_3+R_4=2.339$mm，满足容许车辙深度不大于 25mm 的要求。

3. 沥青混合料低温性能验证

路面低温裂缝指数的计算方法同 9.3.1 中的，计算得到裂缝指数 $CI=4.19$，满足四级公路对裂缝指数为 7.0 的要求。

偏小线试验路路面结构分析的各项结果汇总见表 9-18。

表 9-18　　沥青路面结构分析结果

设计指标	容许值	计算值
沥青层永久变形	20mm（二级、三级公路） 15mm（高速、一级公路）	2.339mm
路面低温裂缝指数 CI	5.0（二级公路） 3.0（高速、一级公路） 7.0（三级、四级公路）	4.19mm

9.4 试验路路用性能检测

9.4.1 通武线试验路路用性能检测

通武线试验路施工于 2017 年 7 月 20 完成施工，随之开放交通，2017 年 9 月 14 日进行了路面使用性能检测，考虑到开放交通时间短，主要检测内容为路面平整度和裂缝检测情况。平整度检测采用 3m 直尺进行，裂缝检测采用人工和直尺结合的方法。

通武线 K208＋800 至 K207＋000 方向平整度测量结果见表 9-19 和图 9-18，通武线 K207＋000 至 K210＋300 方向的平整度测量检测结果见表 9-20 和图 9-19。

表 9-19　　通武线试验路平整度检测表（K208＋800 至 K207＋000 方向）

位置	断面序号	沥青混合料类型	检测点序号 1	2	3	4	5	最大值	平均值	均值
正常路段	1	低掺量 RAP 料沥青混合料	2.4	0.4	0.2	2.6	1.2	2.6	1.36	2.0
交叉路口	2		0.8	3	2.2	2.6	1.6	3	2.04	
正常路段	3		1.6	2.5	2.8	3.2	3.7	3.7	2.76	
正常路段	4		0.8	0.2	0.2	0.4	1.8	1.8	0.68	
正常路段	5		1.4	1.2	1.2	1.4	1.6	1.6	1.36	
交叉路口	6		2.4	0.2	1.2	1.2	0.2	2.4	1.04	
交叉路口	7		2.4	0.2	0.8	0.2	0.4	2.4	0.8	
正常路段	8		0.2	0.4	0	0	0.4	0.4	0.24	
正常路段	9		0.6	0.2	0	0.6	0.8	0.8	0.48	
正常路段	10		1.8	1.8	0.2	0.8	1.8	1.8	1.28	
交叉路口	11		1.2	0.6	0.8	1.2	1	1.2	0.96	
正常路段	1	普通沥青混合料	1.8	2	2	1.6	0.6	2	1.6	3.5
交叉路口	2		2.6	3.5	3.8	2.6	1.6	3.8	2.82	
正常路段	3		2.2	3.6	4.8	3.9	3.6	4.8	3.62	
正常路段	4		3.8	2.2	1.8	2.2	1.8	3.8	2.36	
正常路段	5		4.8	5	1.6	2.4	2.2	5	3.2	
交叉路口	6		3.4	2.8	1.2	3.6	4.8	4.8	3.16	

第 9 章　低掺量 RAP 料热拌沥青混合料试验路工程

续表

位置	断面序号	沥青混合料类型	检测点序号 1	2	3	4	5	最大值	平均值	均值
交叉路口	7	普通沥青混合料	2.4	2	2.6	2.8	1.8	2.8	2.32	3.5
正常路段	8		2	0.2	2.4	1.8	1.2	2.4	1.52	
正常路段	9		1.2	1.4	0.8	1.6	1.4	1.6	1.28	
正常路段	10		2.4	1.2	3.4	4.8	4.8	4.8	3.32	
交叉路口	11		0.2	1	1.4	2.2	2.4	2.4	1.44	

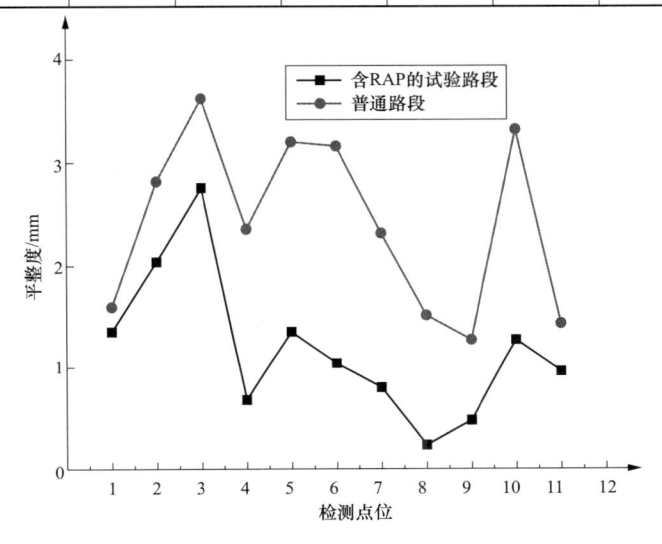

图 9-18　通武线 K208＋800 至 K207＋000 方向平整度

表 9-20　通武线试验路平整度检测表（K207＋000 至 K210＋300 方向）

位置	断面序号	沥青混合料类型	检测点序号 1	2	3	4	5	最大值	平均值	均值
交叉路口	1	低掺量 RAP 料沥青混合料	4	2.2	0.8	1.2	1.6	4	1.96	3.3
交叉路口	2		3	2.8	5	4.4	4.2	5	3.88	
正常路段	3		1.8	2.6	4.8	3.6	3.6	4.8	3.28	
正常路段	4		1.2	3	6	3.8	1.8	6	3.16	
交叉路口	5		2.4	4.8	6.2	5.2	4.2	6.2	4.56	
交叉路口	6		3.2	2.2	2.8	3.2	2.2	3.2	2.72	
正常路段	7		1.8	1	5.4	5.4	3.6	5.4	3.44	
正常路段	8		1.2	1.2	4.2	3.8	2.8	4.2	2.64	
正常路段	9		1.2	1.4	4.2	3.4	2	4.2	2.44	
交叉路口	10		2.4	1.2	1.8	3.8	2.4	3.8	2.32	
交叉路口	11		3.2	5.2	5.4	3.8	3.6	5.4	4.24	
正常路段	12		1.8	5.8	5.8	4.8	5	5.8	4.64	
正常路段	13		1.2	4.4	8.2	5.2	5	8.2	4.8	
交叉路口	14		7.8	8	8.2	8.4	5.4	8.4	7.56	
交叉路口	15		2.4	3.5	2.2	1.2	2.6	3.5	2.38	

续表

位置	断面序号	沥青混合料类型	检测点序号 1	2	3	4	5	最大值	平均值	均值
正常路段	16	低掺量RAP料沥青混合料	1.2	1.2	1.8	3.4	3.2	3.4	2.16	
正常路段	17		1.4	2.4	3	2.4	2.6	3	2.36	
正常路段	18		3.4	1.2	2.4	2.4	1.8	3.4	2.24	3.3
正常路段	19		2.4	2.6	2	1.2	1	2.6	1.84	
正常路段	20		1.8	3.2	3.6	3.4	1.8	3.6	2.76	
交叉路口	1	普通沥青混合料	4.8	2.8	1.8	2.8	1.8	4.8	2.8	
交叉路口	2		2.8	1.4	1.2	2	1.8	2.8	1.84	
正常路段	3		1.8	1.8	2.4	1.2	1.2	2.4	1.68	
正常路段	4		3.4	0.8	0.8	1.4	1.2	3.4	1.52	
交叉路口	5		5.4	3.4	2.8	3	4	5.4	3.72	
交叉路口	6		3.4	2	1.2	1.2	1.4	3.4	1.84	
正常路段	7		1.8	1.2	1.4	1.2	1.2	1.8	1.36	
正常路段	8		1.2	0.8	1.2	1.4	1.4	1.4	1.2	
正常路段	9		1.2	1.4	0.6	1.2	1.4	1.4	1.16	
交叉路口	10		3.4	2.8	3.8	4.2	4	4.2	3.64	1.9
交叉路口	11		1.2	1.2	1.4	1.2	1.6	1.6	1.32	
正常路段	12		1.2	1.4	3.4	4.8	4.4	4.8	3.04	
正常路段	13		1.4	1.2	2	0.8	1.8	2	1.44	
交叉路口	14		2.4	1.2	1.2	1.8	1.2	2.4	1.56	
交叉路口	15		1.2	1.6	1	2.2	2.4	2.4	1.68	
正常路段	16		1.4	1.8	1.2	1.8	1.6	1.8	1.56	
正常路段	17		1.6	1.2	1.2	1.8	1.6	1.8	1.48	
正常路段	18		2.8	2	1.2	1	1.4	2.8	1.68	
正常路段	19		1.6	2	2.4	3.2	3	3.2	2.44	
正常路段	20		1.4	2.8	1.6	1.4	1.8	2.8	1.8	

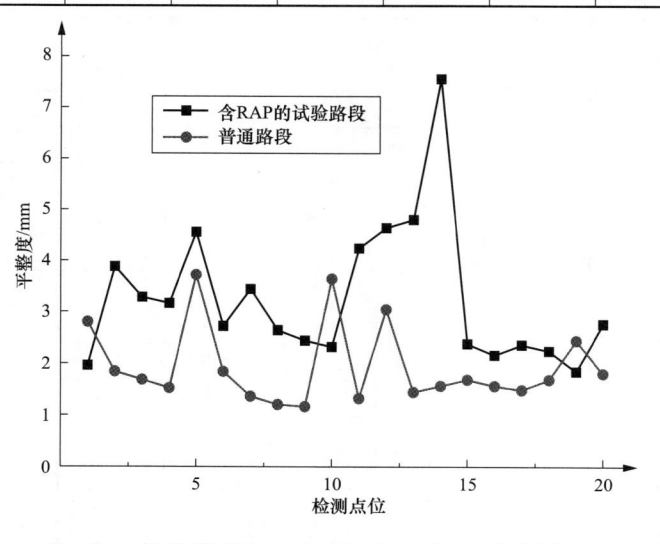

图 9-19 通武线 K207+000 至 K210+300 方向平整度

从表 9-19 和 9-20 中，可以得到如下结论：

（1）低掺量 RAP 料热拌沥青混合料和普通沥青混合料在抗变形能力上基本相同。分析如下：

1）试验路段和非试验路路面结构的差别只在中面层设置的不同，试验路路段中面层为 4cm 的低掺量 RAP 料热拌沥青混合料，非试验路路段中面层为 4cm 普通沥青混合料，所以平整度的差异可以认定为是 RAP 料掺量热拌沥青混合料和普通沥青混合料在抗变形能力反面的差异。

2）从平整度检测结果上看，在通武线 K208+800 至 K207+000 方向路段，试验路路段的平整度均值是 2.0mm，非试验路路段为路面平整度均值为 3.5mm。通武线 K207+000 至 K210+300 方向路段非试验路路段路面平整度均值为 1.9mm，试验路路段平整度均值为 3.3mm。

根据现场调查，造成这种差别的原因车辆在单向中间车道运行数目要大于车辆在两边车道运行的车辆数目，且都是大货车以及挂车等载重量较大的车，这就合理的解释了中间车道路面变形大，平整度差的原因。

3）检测表明，在道路较差口处，路面的平整度明显要大于正常路段的道路平整度，因为在道路路口处，车辆经常刹车，转弯等操作，使到路面大剪切力增大，磨耗也随之增大，总体上产生的变形也随之增大，最终导致路口处路面平整度要大于正常路段的路面平整度。见表 9-20，在检测点位 14 附近平整度达到 7.6mm。

（2）检测结果表明，整个试验路范围内没有出现低温裂缝，说明低掺量 RAP 料热拌沥青混合料和普通沥青混合料在低温性能上基本相同。当然，这与开放交通时间较短有关，进一步的结论还需更长时间的检验。

9.4.2 偏小线试验路路用性能检测

偏小线试验路施工于 2017 年 8 月 2 日完成施工，随之开放交通，2017 年 9 月 14 日进行了路面使用性能检测，考虑到开放交通时间短，主要检测内容为路面平整度和裂缝检测情况。平整度检测采用三米直尺，裂缝检测采用人工肉眼和直尺结合的方法。偏小线道路平整度检测数据见表 9-21 和图 9-20。

表 9-21　　　　　　　　　　偏小线试验路平整度测量表

断面序号	检测点序号					最大值	平均值	均值
	1	2	3	4	5			
1	1.2	1.4	1	1	1.8	1.8	1.28	1.2
2	1.4	1.2	2	2.4	2	2.4	1.8	
3	1	0.8	1	1.2	1.6	1.6	1.12	
4	1.8	1.4	1.4	1	1.2	1.8	1.36	
5	1.8	1.2	2.2	1	1.2	2.2	1.48	
6	1	1	1	1.2	0.8	1.2	1	
7	1	1	1.2	1	1	1.2	1.04	
8	1.8	1.2	1.4	1.4	1.2	1.8	1.4	
9	0.8	1.4	0.8	0.8	1	1.4	0.96	

续表

断面序号	检测点序号					最大值	平均值	均值
	1	2	3	4	5			
10	1.4	1	1	1.4	1.2	1.4	1.2	
11	1.2	1.8	1	1.4	1.2	1.8	1.32	
12	1	0.8	1	1.2	1	1.2	1	
13	0.8	1.2	1	1	0.8	1.2	0.96	
14	1.8	1	1.6	2.2	1	2.2	1.52	
15	1.4	1.8	1	1.4	1.4	1.8	1.4	
16	0.8	0.8	1	0.8	1	1	0.88	

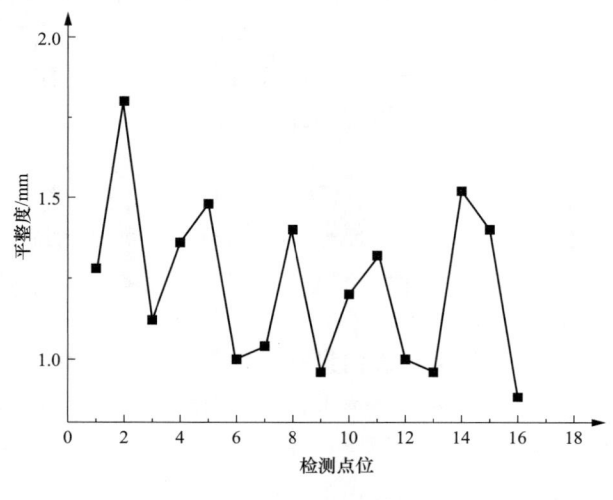

图 9-20　偏小线平整度

从表 9-21 可知，偏小线试验路路面变形很小，平整度均值为 1.2mm。整个试验路路段内路面无裂缝。初步说明低掺量 RAP 料热拌沥青混合料在高低温性能方面表现良好。当然，由于该路段交通量小，开放交通时间较短，还需进一步检验。

9.5　低掺量 RAP 料热拌沥青混合料的经济成本

在普通沥青混合料中加入一定比例的 RAP 料混合料铺设道路已被大多数拌和站所采用，而且此种材料的性能也可以与普通混合料相媲美。同时，在沥青路面再生技术的可靠性、实用性得到了认可的前提下，为了大力推广应用新技术，就非常有必要对新技术的经济效益、环保效益以及社会效益进行系统的量化分析研究。

为了对低掺量 RAP 料热拌沥青混合料的经济效益有一个比较合理、客观的评价，本章从公路工程定额的角度，对 AC-10、AC-13 低掺量 RAP 料混合料的成本进行了详细的分析，同时考虑到两种低掺量 RAP 料热拌沥青混合料的铺筑条件不同，本章将其与铺筑的对应层位的普通混合料的成本进行对比。

由于低掺量 RAP 料热拌沥青混合料中会加入一定量的 RAP 料，因此，在计算成本时要考虑旧 RAP 料的添加比例。本章以位于抚顺地区的通武线为例，进行经济效益分析。试验路的铺筑长度为 3.3km，采用的是 AC-13 低掺量 RAP 料混合料中，RAP 料的掺配比例为 20%。其中各材料组成比例见表 9-22 所示。

表 9-22　　　　　　　　　　　　材 料 组 成 对 比 表

混合料类型	组成材料比例						油石比
	RAP 料	10～15mm	5～10mm	3～5mm	0～3mm	矿粉	
AC-13 普通沥青混合料	0	38	10	21	26	5	4.8
AC-13 低掺量 RAP 料沥青混合料	20	23	15	10	28	4	4.2

由于低掺量 RAP 料热拌沥青混合料所使用的旧 RAP 料是之前铣刨后堆积的，通过对 RAP 料的利用，可以缓解环境压力，减少堆积，所以按照 0 元/t 计算。根据各种矿料占沥青混合料的比例可以计算出在 1t 的热拌沥青混合料中各种矿料、沥青的用量，再分别乘以各自单价，并将其汇总，即可得到沥青混合料的原材料成本。根据《公路工程预算定额》（JTG/T 3832—2018）可知集料的单价为 159 元/m³，通过前期试验测定其密度为 2.35kg/cm³，由此换算其单价为 67.7 元/t。此处分别计算了 1tAC-13 低掺量 RAP 料混合料和普通沥青混合料的原材料成本，见表 9-23。

表 9-23　　　　　　　　　　　　原 材 料 成 本 表

序号	材料	单价	普通沥青混合料		低掺量 RAP 料	
			消耗量	费用	消耗量	费用
1	0～3mm 碎石	68/t	0.26	17.68	0.23	15.64
2	3～5mm 碎石		0.21	14.28	0.15	10.2
3	5～10mm 碎石		0.10	6.8	0.1	6.8
4	10～15mm 碎石		0.38	25.84	0.28	19.04
5	矿粉	107/t	0.05	5.35	0.04	4.28
6	沥青	4359 元/t	0.0458	199.64	0.0403	175.6677
7	RAP 料		0	0	0.1	0
8	总计			269.59		231.627

从表 9-23 中可以看出，与普通沥青混合料相比，低掺量 RAP 料热拌沥青混合料因为利用了废旧的 RAP 料，在石料的使用部分有一定程度的削减，使石料的成本降低了。所以在材料成本方面，低掺量 RAP 料热拌沥青混合料每吨混合料的材料成本为 231.627 元，比普通沥青混合料的 269.59 元节省材料开支 37.97 元，降幅占沥青混合料价格的 14.08% 左右。这是在 RAP 料掺量为 20% 的情况下，此外，还对其他各掺量下 AC-10、AC-13 混合料在的费用分别进行了计算，汇总见表 9-24。

表 9-24　　　　　　低掺量 RAP 料热拌沥青混合料经济效益分析表

混合料类型	AC-10 (0%)	AC-10 (10%)	AC-10 (15%)	AC-10 (20%)	AC-13 (0%)	AC-13 (10%)	AC-13 (15%)	AC-13 (20%)
费用	273.17	262.798	253.05	239.672	269.59	258.479	247.07	231.627
成本节省率	—	3.80%	7.40%	12.30%	—	4.10%	8%	14.08%

9.6　低掺量 RAP 料热拌沥青混合料使用路面结构设计方案

本项目对低掺量 RAP 料热拌沥青混合料配合比、混合料的路用性能试验进行了系统研究，并实施了试验路工程。依据以上的研究基础，推荐低掺量 RAP 料热拌沥青混合料使用路面结构方案见表 9-25。

表 9-25　　　低掺量 RAP 料热拌沥青混合料使用路面结构设计方案

混合料类型	推荐 RAP 料掺量/%	交通等级	层位	面层总厚度范围/mm
AC10	10	轻交通	上面层	30～50
		中等交通	上面层	70～120
AC13	15～20	轻交通	上面层	30～50
		中等交通	上中面层	70～120
		重交通	中面层	120～150
		特重交通	中面层	150～200

9.7　本章小结

（1）检测结果表明，整个试验路范围内没有出现低温、疲劳裂缝，说明低掺量 RAP 料热拌沥青混合料和普通沥青混合料在低温性能与抗疲劳性能上基本相同。在道路交叉口处，路面的平整度明显要大于正常路段的道路平整度。中间车道路面变形大、平整度差。

（2）根据统计数据对通武线的效益进行分析，得到通武线试验路每千米可节省 91857 元。通过对低掺量 RAP 料热拌沥青混合料的经济分析可以发现，随着 RAP 料掺量的增加其成本节约率逐渐提高，这是因为 RAP 料的加入在一定程度上减少了石料的用量和沥青的用量，RAP 料的掺量越多其减少的越多。而且可以看出，AC-13 低掺量 RAP 料热拌沥青混合料的成本节约率要高于 AC-10。

参 考 文 献

[1] 中华人民共和国行业标准. JTG E20—2011 公路工程沥青及沥青混合料试验规程［S］. 北京：人民交通出版社，2011.

[2] 中华人民共和国行业标准. JTG F40—2004 公路沥青路面施工技术规范［S］. 北京：人民交通出版社，2004.

[3] 张清平. 沥青路面现场热再生技术研究［D］. 长沙：长沙理工大学，2011.

[4] 刘振丘. 回收料、回收工艺及热再生沥青混合料路用性能关键影响因素研究［D］. 重庆：重庆交通大学，2015.

[5] 许萌. 热再生沥青混合料矿料迁移规律与级配优化设计研究［D］. 济南：山东交通学院，2016.

[6] 李建. 改性沥青路面就地热再生关键技术研究［D］. 南京：东南大学，2016.

[7] 许伟. 浅谈沥青路面厂拌冷再生施工技术［J］. 黑龙江科技信息，2010，(11)：215.

[8] 陈天泉. 沥青路面再生技术研究现状［J］. 城市建设理论研究，2015，5 (12)：2060-2061.

[9] McDaniel, R., Anderson, R. M., Recommended Use of Reclaimed Asphalt Pavement in the Superpave Mix Design Method: Technician's Manual［R］. Transportation Research Board, North Central Superpave Center, National Cooperative Highway Research Program Report 452, Transportation Research Board, United States, 2001. http://worldcat.org/isbn/0309066700.

[10] Murphy, D., Emery, J., Modified Cold In-Place Asphalt Recycling［C］. Presented at the XIIIth World meeting of the International Road Federation, Toronto, Canada, 1997.

[11] Epps, J. A., Cold-Recycled Bituminous Concrete Using Bituminous Materials［R］. Transportation Research Board, National Cooperative Highway Research Program Synthesis of Highway Practice 160, Transportation Research Board, United States, 1990. http://worldcat.org/isbn/0309049113.

[12] 张永明. 热拌再生沥青混凝土技术研究及应用［D］. 天津：天津大学，2010.

[13] 徐剑，黄颂昌，邹桂莲. 高等级公路沥青路面再生技术［M］. 北京：人民交通出版社，2011.

[14] Ma, T., Huang, X., Recycling law of aged asphalt based on composite theory of material［J］. Journal of Southeast University, 38 (3), 520-524, 2008. https://doi.org/10.3969/j.issn.1001-0505.2008.03.031

[15] 王勋. 高比例 RAP 厂拌热再生沥青混合料微观机理与性能试验研究［D］. 广州：华南理工大学，2014.

[16] Bressi, S., Cavalli, M. C., Partl, M. N., Tebaldi, G., Dumont, A. G. Poulikakos, L. D., Particle clustering phenomena in hot asphalt mixtures with high content of reclaimed asphalt pavements［J］. Construction & Building Materials, 100, 207-217, 2015. https://doi.org/10.1016/j.conbuildmat.2015.09.052.

[17] Mohajeri, M., Molenaar, A. A. A., Van de Ven, M. F. C., Experimental study into the fundamental understanding of blending between reclaimed asphalt binder and virgin bitumen using nanoindentation and nano-computed tomography［J］. Road Materials & Pavement Design, 15 (2), 372-384, 2014. https://doi.org/10.1080/14680629.2014.883322.

[18] Xu, Y., Xu, S. F., Ji, J., Measurement Method of Blending Status between Virgin and Aged Binder in Recycled Asphalt Mixtures—A Literature Review［C］. 10th Asia Pacific Transportation De-

velopment Conference, Beijing, China, May 25-27, 2014. https://doi.org/10.1061/9780784413364.038.

[19] Shen, J., Amirkhanian, S., Tang, B., Effects of rejuvenator on performancebased properties of rejuvenated asphalt binder and mixtures [J]. Construction & Building Materials, 21 (5), 958-964, 2007. https://doi.org/10.1016/j.conbuildmat.2006.03.006.

[20] Aravind, K., Das, A., Pavement design with central plant hot-mix recycled asphalt mixes [J]. Construction and Building Materials, 21 (5), 928-936, 2007. https://doi.org/10.1016/j.conbuildmat.2006.05.004.

[21] Swamy, A. K., Das, A., Optimal proportioning for hot recycled mix design under Superpave mix design consideration [J]. Canadian Journal of Civil Engineering, 36, 1470-1477, 2009. https://doi.org/10.1139/L09-096.

[22] 耿九光. 沥青老化机理及再生技术研究 [D]. 西安：长安大学，2009.

[23] 马涛. SMA 路面现场热再生技术研究 [D]. 南京：东南大学，2010.

[24] Hajj, E. Y., Sebaaly, P. E., West, R., Morian, N., Loria, L., Recommendations for the Characterization of RAP Aggregate Properties Using Traditional Testing and Mixture Volumetrics [J]. Journal of the Association of Asphalt Paving Technologists, 81, 441-476, 2012.

[25] Cui, X. Z., Jin, Q., Shang, Q. S., Zhai, J. G., Numerical simulation of dynamic pore pressure in asphalt pavement [J]. Journal of southeast university (english edition), 5 (1), 63-66, 2009.

[26] 田小革，郑健龙，张起森. 老化对沥青结合料黏弹性的影响 [J]. 交通运输工程学报，2004，4(1)：3-6.

[27] 范庆国. SBS 改性沥青老化及再生规律研究 [D]. 南京：东南大学，2010.

[28] 张利冬. 新旧沥青砂浆组成与热再生沥青混合料路用性能相关性研究 [D]. 南京：东南大学，2014.

[29] 赵斌. 沥青混合料热再生机理及技术性能研究 [D]. 西安：长安大学，2012.

[30] Shirodkar, P., Mehta, Y., Nolan, A., Sonpal, K., Norton, A., Tomlinson, C., Dubois, E., Sullivan, P., Sauber, R., A study to determine the degree of partial blending of reclaimed asphalt pavement (RAP) binder for high RAP hot mix asphalt [J]. Construction and Building Materials, 25 (1), 150-155, 2011. https://doi.org/10.1016/j.conbuildmat.2010.06.045.

[31] Han, S., Cheng, X. P., Liu, Y. M., Zhang, Y. C., Laboratory Performance of Hot Mix Asphalt with High Reclaimed Asphalt Pavement (RAP) and Fine Reclaimed Asphalt Pavement (FRAP) Content [J]. Materials (Basel), 12 (16), 2536. https://doi.org/10.3390/ma12162536.

[32] 杨毅文，马涛，卞国剑，等. 老化沥青热再生有效再生率检测方法 [J]. 建筑材料学报，2011，14(3)：418-422.

[33] Stimilli, A., Virgili, A., Canestrari, F., New method to estimate the "re-activated" binder amount in recycled hot-mix asphalt [J]. Road Materials and Pavement Design, 16 (sup1)：442-459, 2015. https://doi.org/10.1080/14680629.2015.1029678.

[34] Copeland A, D'Angelo J, Dongre R, et al. Field evaluation of high reclaimed asphalt pavement-warm-mix asphalt project in Florida: case study [J]. Transportation Research Record: Journal of the Transportation Research Board, 2010 (2179)：93-101.

[35] Falchetto A C, Tebaldi G, Montepara A, et al. Back-calculation of binder properties in asphalt mixture containing recycled asphalt materials [J]. Procedia-Social and Behavioral Sciences, 2012, 53：1119-1128.

[36] Shannon, C., Mokhtari, A., Lee, H'., Tang, S., Williams, C., Schram, S., Effects of

High Reclaimed Asphalt-Pavement Content on the Binder Grade, Fatigue Performance, Fractionation Process, and Mix Design [J]. Journal of materials in civil engineering, 29 (2), 04016218. 1-04016218. 9, 2017.

[37] 秦永春, 黄颂昌, 徐剑, 等. 厂拌温再生沥青混合料中新旧沥青的融合性研究 [J]. 公路交通科技, 2015, 32 (12): 24-28.

[38] Karlsson, R., Isacsson, U. Laboratory studies of diffusion in bitumen using markers. Journal of Materials Science 38, 2835-2844, 2003. https://doi.org/10.1023/A:1024476217060.

[39] Nguyen, V. H., Effects of laboratory mixing methods and RAP materials on performance of hot recycled asphalt mixtures [D]. University of Nottingham, 2009.

[40] Navaro, J., Bruneau, D., Drouadaine, I., Colin, J., Dony, A., Cournet, J., Observation and evaluation of the degree of blending of reclaimed asphalt concretes using microscopy image analysis [J]. Construction and Building Materials, 37, 135-143. 2012. https://doi.org/10.1016/j.conbuildmat.2012.07.048.

[41] Sengoz, B., Topal, A., Minimum voids in mineral aggregate in hot-mix asphalt based on asphalt film thickness [J]. Building and Environment, 42 (10), 3629-3635, 2007. https://doi.org/10.1016/j.buildenv.2006.10.005.

[42] Lee, T. C., Terrel, R. L., Mahoney, J. P., TEST FOR EFFICIENCY OF MIXING OF RECYCLED ASPHALT PAVING MIXTURES [J]. Transportation Research Record, 911, 51-60, 1983, http://worldcat.org/isbn/0309035546.

[43] Rinaldini, E., Schuetz, P., Partl, M. N., Tebaldi, G., Poulikakos, L. D., Investigating the blending of reclaimed asphalt with virgin materials using rheology, electron microscopy and computer tomography [J]. Composites Part B: Engineering, 67, 579-587, 2014. https://doi.org/10.1016/j.compositesb.2014.07.025.

[44] 徐静, 刘杰, 秦昌荣, 等. 回收沥青方法研究——蒸馏温度和延迟时间 [J]. 建筑材料学报, 2014, 17 (2): 344-348.

[45] Zaumanis, M., Mallick, R. B., Review of very high-content reclaimed asphalt use in plant-produced pavements: state of the art [J]. International Journal of Pavement Engineering, 16 (1), 39-55, 2015. https://doi.org/10.1080/10298436.2014.893331.

[46] Zhou, Z., Gu, X., Li, Q., Ni, F., Yuan, R., Use of Rejuvenator, Styrene-Butadiene Rubber Latex, and Warm-Mix Asphalt Technology to Achieve Conventional Mixture Performance with 50% Reclaimed Asphalt Pavement [J]. Transportation Research Record Journal of the Transportation Research Board, 2575 (2575), 160-167, 2016. https://doi.org/10.3141/2575-17.

[47] Luan, Z. S., Lei, J. Q., Pu, Q. U., Chen, H. X., Evaluation Methods of SBS Modified-asphalt Binders [J]. Journal of Wuhan University of Technology, 32, 15-18, 2010.

[48] 谭忆秋, 郭猛, 曹丽萍. 常用改性剂对沥青黏弹特性的影响 [J]. 中国公路学报, 2013, 26 (4): 7-15.

[49] Hossain, Z., Ghosh, D., Zaman, M., Hobson, K., Use of the Multiple Stress Creep Recovery (MSCR) Test Method to Characterize Polymer-Modified Asphalt Binders [J], Journal of Testing and Evaluation, 44 (1), 507-520, 2016. https://doi.org/10.1520/JTE20140061.

[50] 丁海波, 徐大卫. 多应力蠕变恢复试验的流变分析 [J]. 公路交通科技, 2014, 31 (12): 20-24.

[51] AASHTO T 350-2014, Standard Method of Test for Multiple Stress Creep Recovery (MSCR) Test of Asphalt Binder Using a Dynamic Shear Rheometer (DSR), AASHTO, Washington, D. C., 2014.

[52] Golalipour, A., Bahia, H. U., Tabatabaee, H, A., Critical Considerations toward Better Imple-

mentation of the Multiple Stress Creep and Recovery Test [J]. Journal of Materials in Civil Engineering, 29 (5), 04016295. 2017.

[53] 宋小峰. 厂拌热再生沥青混合料疲劳性能研究 [D], 南京: 南京林业大学, 2015.

[54] 张亮. 大粒径沥青混合料抗裂性能试验研究 [D]. 长沙: 长沙理工大学, 2006.

[55] 董玲云. 厂拌热再生沥青混合料疲劳性能研究 [D], 重庆交通大学, 2013.

[56] Cong, P., Zhang, Y. H., Liu, N., Investigation of the properties of asphalt mixturesincorporating reclaimed SBS modified asphalt pavement, Construction and Building Materials [J], 113, 334-340, 2016. https://doi.org/10.1016/j.conbuildmat.2016.03.059.

[57] 冉龙飞. 热、光、水耦合条件下 SBS 改性沥青老化机理研究及高性能再生剂开发 [D]. 重庆: 重庆交通大学, 2016.

[58] 王冲, 徐世法, 季节, 等. 再生 SBS 改性沥青混合料再度老化性能的研究 [J]. 北京建筑工程学院学报, 2006, 22 (3): 20-23.

[59] 赵利明. SBS 改性沥青路面现场热再生试验研究 [D]. 大连: 大连理工大学, 2007.

[60] 张道义, 屈言宾, 赵永利. 对再生沥青进行改性的可行性分析 [J]. 石油沥青, 2008, 22 (1): 70-72.

[61] 耿九光. 沥青老化机理及再生技术研究 [D]. 西安: 长安大学, 2009.

[62] 郑南翔, 侯月琴, 纪小平. 老化沥青的再生性能预估分析 [J]. 长安大学学报 (自然科学版), 2009, 29 (3): 6-10.

[63] 谭学章. SBS 改性沥青老化及再生利用研究 [D]. 西安: 长安大学, 2010.

[64] 陈静云, 邱隆亮. SBS 改性沥青老化与再生机理的红外光谱 [J]. 沈阳建筑大学学报 (自然科学版), 2012, (5): 859-864.

[65] 俞志龙. 厂拌热再生沥青混合料路用性能及施工工艺研究 [D]. 重庆: 重庆交通大学, 2013.

[66] 陈军, 于新, 孟令国. SBS 改性沥青热存储性能衰减规律研究 [J]. 中外公路, 2017 (2): 204-208.

[67] 沈金安. 沥青及沥青混合料路用性能 [M]. 北京: 人民交通出版社, 2000.

[68] 中华人民共和国行业标准. JTG E20—2011 公路工程沥青与沥青混合料试验规程 [S]. 北京: 人民交通出版社, 2011.

[69] 王丽红. 改性沥青中 SBS 含量检测方法的研究 [J]. 化学工程师, 2012. 2 (197): 24-26.

[70] 余国贤, 周晓龙. 废旧沥青再生剂的试验研究 [J]. 石油学报 (石油加工), 2006, 22 (5): 97-100.

[71] 张瑜. 沥青的老化机理研究及再生剂开发 [D]. 重庆: 重庆交通大学, 2013.

[72] 曹青霞. 基于 SBS 改性沥青的高性能再生剂研发 [D]. 重庆: 重庆交通大学, 2014.

[73] 许鹰, 季节, 等. 热再生沥青混合料再生剂与旧沥青混溶状态测试方法 [J]. 公路工程, 2016, 41 (1): 1-5.

[74] 何娟. 张京锋. 沥青混合料沥青膜厚度计算方法之维姆模型修正 [J]. 广州大学学报 (自然科学版). 2010 (4): 68-71.

[75] 马涛, 赵永利, 黄晓明. 沥青路面厂拌热再生关键技术 [M]. 南京: 东南大学出版社, 2014.

[76] 沈金安. 沥青与沥青混合料路用性能 [M]. 北京: 人民交通出版社, 2003.

[77] 赵利明. SBS 改性沥青路面现场热再生试验研究 [D]. 大连: 大连理工大学, 2006.

[78] 章顺风. Evotherm 温拌再生沥青混合料技术研究 [D]. 长沙: 湖南大学, 2010.

[79] Lamontagne, J., Durrieu, F., Planche, J. P., Mouillet, V., Kister, J., Direct and continuous methodological approach to study theageing of fossil organicmaterial by infrared microspectrom etry imagingapplication topolymermodified bilumen [J]. Analytica Chimica Acta, 444 (2), 241-250, 2001. https://doi.org/10.1016/S0003-2670(01)01235-1.

[80] Cortizo, M. S., Larsen, D. O., Bianchetto, H., Alessandrini, J. L., Effect of the thermal

degradation of SBS copolymers during the ageing of modified asphalts [J]. Polymer Degradation and Stability 86 (2), 275-282, 2004.

https://doi.org/10.1016/j.polymdegradstab.2004.05.006.

[81] Chen, J. S. Huang, C. C., Lin, K. Y., Engineering characterization of recycled asphalt concrete and aged bitumen mixed recycling agent [J]. Journal of Material Science, 42, 9867-9876. 2007. https://doi.org/10.1007/s10853-007-1713-8.

[82] Sugano, M., Iwabuchi, Y., Watanabe, T., Kajita, J., Iwata, K., Hirano, K., Relations between thermal degradations of SBS copolymer and asphalt substrate in polymer modified asphalt [J]. Cleaning Technology Environmental Policy, 12, 653-659, 2012. https://doi.org/10.1007/s10098-010-0301-9.

[83] Cong, P. L., Luo, W. H., Xu, P. J., Zhao, H., Investigation on recycling of SBS modified asphalt binders containing [J]. Construction and Building Materials 91, 225-231, 2015. https://doi.org/10.1016/j.conbuildmat.2015.05.041.